組織の
風の中に立て
風通しのよさが組織の力を高める

HIRODO
コンサルタント代表
中川浩人
NAKAGAWA
Hiroto

文芸社

人材を惹きつけることが求められる現代において組織開発は「社会課題解決の手段」である。

立教大学経営学部教授　中原　淳

　先日、外国に住む外国人教員と、日本企業の経営について議論していた際、指摘された一言が忘れられません（私の拙いヒアリング力なので、完全には一致しないと思います。ニュアンスを感じてください）。
Securing the workforce in the face of a declining population is a quite challenging issue for Japan! HRD and OD should play a crucial role!
　（意訳：人口減少という局面のなかで、労働力を確保していくってことに、日本では、どう向き合っていくんだ？　それはチャレンジングな課題だぞ。人材開発・組織開発が確実に役割を果たしていかないと……）
　知っての通り、昨今の日本では「世界でもまれに見るスピードで人口減少」が進んでおり、今後それはさらに加速すると予測されます。ここで最大の問題になってくるのが「労働力の確保」の問題です。人をきちんと採用し、育成・配置し、その能力を高め、長く企業にとどまってもらえるような組織風土を維持していかなければ、経営は行き詰まります。私たちが生きる、今後の数十年は、この問題との闘いです。
　もう、すでに「予兆」は見え始めてきています。
　大手企業はまだ日本人比率が高いと思いますが、世間では、例えば飲食店やコンビニエンスストアでは外国人の方々が増えていると思います。またスーパーのレジなども自己精算レーンが増えていることを実感していると思います。しかし、こんなものではありません。今後、10年後くらいには、本当に、厳しくなってくると予測しています。
　現時点では新卒者が採れている企業も、今後2割くらいは採用できなくなり、中途採用頼みになるかもしれません。これからの企業は「人と組織に投資し優秀な方が集まる企業は発展」、一方で「人と組織に投資

しないと人材が集まらない企業は衰退」と二極化していくと思います。

　ゆえに、これからは、今以上に組織が個を惹きつける求心力が必要になってきます。そして、その求心力が組織開発だと考えています。ここでの組織開発とは「人が集まり、成果を出していくために、組織をケア（いたわること）すること」と考えましょう。その根幹には「自分の組織が、いかにあるか、組織メンバーが対話を行っていくこと」があります。

　組織開発というのは人事領域の流行言葉ではありません。自社が存続していくための「経営課題の解決手段」です。また、私が再三申し上げるように、これは日本という国が抱えた「社会課題の解決手段」でもあります。

　私自身、「人事の専門家だから流行らせよう」とは1ミリも思っていません。今後日本の中でも立ち行かなくなる状況が待っていて、その解決策のひとつになるものが「組織開発」だと思っています。

　多くの企業でコンサルティングやアドバイザーを務めてきましたが、組織開発や人材開発を経営戦略に位置付けている企業は意外に少ないです。その点、デンソーはしっかりと経営課題に位置付けて実践している。この「経営」と「実践」の両面で取り組んでいる点に注目しています。

　私はこれまで人事部の方や社員の方と研修で関わってきましたが、いい意味でデンソーの方はとても地道で真面目に、愚直に取り組まれています。組織開発は、「泥くさい」が王道です。組織開発で重要なガチ対話には、愚直さは大きな強みです。

　この書は組織開発に取り組む実践者の泥くさい精神とノウハウが1冊に集約され具体的にどうすべきかを指し示すヒントがまとめられていると思います。

　是非、本書を一読いただき、自組織を「真面目に自由闊達に対話する」世界に創り上げていく仲間が増えていくことを心から願っております。

木は人、
森は組織、
土は
先人の智恵、
風は変革、
光は愛

組織開発テーマソング
〜 輝く森 〜

新たな風が　吹くたびに
木々が枝を　揺らして語ってる
ザワザワ　コロン
ザワザワ　カラン　コロン
聞こえてくるよ　喜びの声

1人1人が　根を張って
栄養を　吸い上げながら
ぐんぐんと　成長してる

その土は　先人の想いが
溶け込んで　豊かな土地となり
光を求め　芽吹いて
接ぎ木にされ　支えあい　伸びる苗

どんな木にも　光が届く森
その森が　作り出すものは
永遠に紡がれてく
よどみを知らぬ　澄んだ風

その土は　先人の想いが
溶け込んで　豊かな土地となり
光を求め　芽吹いて
接ぎ木にされ　支えあい　伸びる苗

この土から　飛び立つ命
緑の森　生み続けてゆく
荒野にも　砂漠にも
輝く森を　生み続ける
荒野にも　砂漠にも
輝く森を　生み続ける

作詞：中川浩人
編集：加藤晋也、青木謙典
作曲・演奏・
　ボーカル：朝香〜TOMOKA〜

はじめに

みなさん、はじめまして。

人財開発＆組織開発コンサルタントの中川浩人と申します。「人財開発」や「人財育成」といった言葉は耳にする機会も多く、目的や取るべき行動も理解している。それでも、「組織開発」という言葉には馴染みがない、という方は多いかもしれません。

そんなみなさんのために、本書の執筆を決意しました。

私自身は縁に恵まれて、企業で人財開発および組織開発の仕事に従事することができ、長年の実務経験の中で、非常に多くのことを学ばせていただきました。本当に多くの方に支えられ、組織で働くやりがいや難しさ、喜びや悲しみ、本当にたくさんのことを教えてもらいました。

多くの方々からいただいた学びを、少しでも多くの方にお返ししたい。そんな気持ちが日に日に強くなってきました。この想いが、本書を執筆する最大の動機です。わかりにくい点や説明が不十分な箇所も多いとは思いますが、最後までお付き合いいただければ幸いです。

人財開発が、「中長期的な視点に立って、組織で働く個人の能力を高めていくための取り組み」を指すとするならば、組織開発とは、短期的な成果に囚われることなく、**「個の集合体としての組織の力を高めていくための取り組み」**と定義することができます。おそらくみなさんも経験的には理解されていることと拝察しますが、個人の能力を足し算した答えが組織の能力、ということにはなりません。

例えば、個人として能力の高いメンバーばかりを揃えたとしても、

組織としてはまるで上手く機能しない。そんなケースは文字どおり山のように存在します。組織とはそれ自体が1つの生き物であり、だからこそ、人財開発に加えて、組織開発という概念や取り組みが必要なのだということです。

ともすると、「組織の力」が何を指すのかは、人によって考え方の分かれるところかもしれません。必ずしも、答えを1つにまとめる必要もないと思います。私自身の思うところについては、本文中で少しずつ開示してまいります。みなさんのお考えと異なる場合でも、「なぜ違うのか？」という問いを立てていただくことができれば、大変ありがたく思います。こうした<u>考え方の違いは「摩擦」を生み、摩擦は熱＝組織を前に進めるエネルギーを生み出します。</u>
　その熱をぜひ、日々のお取り組みに注ぎ込んでください。

　ここでもう1つ、大事な専門用語をご紹介します。
　それは<u>「チェンジ・エージェント＝Change Agent（以下、CA）」</u>という言葉なのですが、おそらくは組織開発以上に、みなさんには馴染みのないものだと理解しています。
　他方、本文を読み進めていく中で、この言葉の意味を知らないと十分な理解が得られないおそれがあります。したがって、ここでぜひ言葉の意味を押さえていただければと考えています。
　CAとは文字どおり、<u>「組織の変革や成長に働きかける促進者」</u>のことであり、組織開発を進めていくうえでは必要不可欠な存在です。
　組織が今よりも少しでもよくなるために、様々な面で変化を促し、改革を推進していく原動力となることがCAに期待される役割です。無論、CAだけが孤軍奮闘を続けても組織は決してよくなりません。組織変革には所属する全員の力が必要なのです。

とはいえ、組織開発にはいくつかの専門的な手法があります。

この手法を理解し、組織の課題等をしっかりと把握したうえで、最適なかたちで実践していく主体的な存在がどうしても必要となります。組織を外の目で俯瞰的かつ客観的に観察することができなければ、組織の課題は上手く発見できません。そして、課題を発見できても、組織のすべてのメンバーを改革の流れに巻き込み、適切に支援し、改革を実現しようという強い意志がなければ、組織開発は日の目を見ることがありません。

こうした客観性と、変革への熱量とを同時に併せ持つ存在こそがCAなのだと言っても、決して過言ではありません。

私は長年、CAとして多くの組織変革と向き合ってきました。

経営と組織開発の実践、日々の仕事と組織開発とは両輪であり、メンテナンスを怠れば「錆びる」ものだと考えています。とはいえ、組織のトップやマネジメントサイドが旗を振って社員がついていく、一部の限られた人が推進していくものでは決してありません。

木が集まって森を形成するように、組織とは個の集合体であり、個人がそれぞれに持っている価値観とは異なる、組織独自の文化や風土が形成されていきます。もっと正確に言えば、組織に所属するすべての個人が担い手となって、たとえそれと自覚していなくても、文化や風土を自ら形成していきます。

誤解をおそれずに申し上げるならば、今このページを読んでいるみなさんも、みなさん以外の経営者やマネージャー、そして従業員、組織に身を置く全員が組織開発の当事者であり、組織開発に関わるすべての人がCAなのです。

これは非常に重要な観点であると私は考えています。

本書では、組織変革の根幹を担う組織開発の本質および重要性を

深く掘り下げたうえで、具体的な手法についても言及します。

さらに、組織に対するエンゲージメントや組織の力といった点についても、できるだけ詳しく見ていくことにします。これら2つは組織の風通しのよさと深く関わっており、**風通しのよい環境こそが組織の健全な成長と変革を実現する基礎**となります。

風通しのよい組織とは、「心理的安全性」という言葉が示すように、社員一人ひとりが職位の違いや部門の壁を乗り越えて、フラットな関係性のもと、安心して自分の意見やアイディアなどを口にできる自由闊達な組織を言います。社員のモチベーションを高め、チームを元気にし、組織としての生産性も高めてくれるのが、風通しのよい職場であると言って差し支えありません。

とはいえ、組織に吹く風が常に柔らかな春風とはかぎりません。嵐のような向かい風に晒されることも決して少なくはありません。それでも、組織の風の中に立ち続けること。みなさんと共に組織の風の中に立てることを心から願っています。

2024年10月15日

中川 浩人

目次

巻頭言　中原 淳　　　　　　　　　　3
組織開発テーマソング〜輝く森〜　　　5
はじめに　　　　　　　　　　　　　　7

第1章　なぜ今、組織開発が重要なのか

1　組織開発とは何か　　　　　　　　　14
2　組織開発が重要性を増している理由　20
3　組織開発のメリットと課題　　　　　27

第2章　立ちはだかる10の壁とその背景にあるもの

壁1　人事のやけど　　　　　　　　　　35
壁2　自組織のアウェイ感　　　　　　　37
壁3　組織開発の市民権　　　　　　　　39
壁4　マネジメントの壁　　　　　　　　42
壁5　成果／評価の見えにくさ　　　　　44
壁6　継続することの難しさ　　　　　　46
壁7　活動リソースの捻出　　　　　　　49
壁8　文化を変える難しさ　　　　　　　52
壁9　サーベイの扱い方と開示の要否　　56
壁10　組織の規模　　　　　　　　　　　58

第3章　組織開発の心得とポジティブな手法

1　組織開発の心得　　　　　　　　　　62

2　組織開発に必要な5つの要素　　73
　3　推奨プログラムを行うために必要なこと　　79
　4　推奨プログラムの原理である『3つのSTEP』　　90
　5　推奨プログラムの実行　　105
　6　ファシリテーターの心得　　107

第4章　組織開発のケーススタディ

ケース1　技術職場間の風通しから相互作用へ　　112
ケース2　営業職場の風通しから自立へ　　117
ケース3　製造職場における風通しの壁　　121

第5章　壁に立ち向かうすべてのCAのために

　1　経営者も含めた全員が当事者　　130
　2　「常に右肩上がり」はないと心得る　　133
　3　木が集まれば森ができる　　135
　4　森ができれば風が和らぐ　　138
　5　他者への貢献を幸せと心得る　　141
　6　おそれず組織の風の中に立つ
　　　組織開発とは何か　　144

おわりに　　149

本文フォーマットデザイン：鈴木伸弘
本文イラスト：金安亮

第1章

なぜ今、組織開発が重要なのか

本章でお伝えしたいことは以下のとおりです。

1　組織開発とは何か
2　組織開発が重要性を増している理由
3　組織開発のメリットと課題

本章の目的は組織開発の概要を摑んでいただくことです。
組織開発の詳細については第3章でお伝えしますので、まずは肩の力を抜いてお読みいただければ幸いです。

組織開発とは何か

人財開発との関係性を理解する

「はじめに」でも簡単に触れましたが、ここで改めて、「**組織開発＝Organization Development（OD）**」について、もう少し具体的に見ていきたいと思います。

組織開発とは、組織としての健全な成長と発展を目指す戦略的なアプローチを言います。個人としての健全な成長や発展を目的とした人財開発とは似て非なるものです。

似て非なるものでありながら、両者が表裏一体の関係にある点は理解しておく必要があります。メンバーの成長なくして組織の成長は実現しませんし、健全に発展している組織では、メンバーの能力がどんどん伸びていくからです。

組織開発に対する認知は、欧米との比較で言うならば、日本ではまだまだ低いと言わざるを得ません。データを取ったわけではなく、私の経験からの印象にとどまりますが、組織開発という言葉自体が少し硬く感じられるのかもしれません。

組織に関係する言葉としては、「組織活性」「チームビルディング」「現場力」などがすぐに思い浮かびます。みなさんもこれらの言葉をよく耳にし、あるいは、日頃お使いになられているかもしれません。これらはすべて組織開発のアプローチに包含されます。その意味で、組織開発とは昔から取り組まれてきた、古くて新しいものであると理解することができます。

組織の活性化は、組織の成長や発展にとって欠かせない要素です。そして、組織の風通しのよさは、コミュニケーションの質と量とに比例しています。まさにコミュニケーションこそが、組織を改善し、前進させる熱量の源なのです。

　組織の隅々にまで「チーム」という意識が浸透し切らなければ、組織としてのアウトプットの質は決して向上しません。だからこそ、すべてのメンバーがチームの一員としての自覚を十分に持つことが、何よりも重要になってきます。

　チームという意識のもと、組織が活性化すれば、現場力は自然と高まっていくことになります。現場＝組織の力を向上させることが、組織開発の最大の目的であることはすでにお伝えしたとおりです。

組織開発は「戦略的」である

　組織開発とは「戦略的」なアプローチであると言いました。
　この言葉の意味について、少し掘り下げておくことにしましょう。
　みなさんは「組織をよくしたい」と思ったとき、どんなことから改善の取り組みを始めるでしょうか？

　メンバーが考える組織の課題について意見を求める。
　メンバーとの1on1の対話を月に1回実施しようと決意する。
　職場での懇親会を開催する。

　言うまでもなく、これらの取り組みはどれも大切なものです。
　しかしながら、単発的にこれらを実施するだけでは、何のためにこれらを実施するのか＝取り組みの目的がメンバーには浸透せず、十分な効果を発揮することがありません。
　効果が出なければ継続する勇気が失われます。そのような事態に陥っ

てしまうと、取り組みを始める前よりも組織の状態が悪化するといったケースさえ生じてしまいかねません。

　上記のような事態を回避するために必要なのが戦略です。

　戦略とは、ある目的を達成するために、長期的な視点に立って、組織として取るべき行動等を立案・遂行する計画を指します。他方、戦術とは、組織課題等を解決するための具体的な手法を指します。言い方を換えれば、戦略とは中長期的な計画であり、戦術としての具体的なタスクや行動の内容を定めるもの、ということです。

　戦略を定めるうえで必要となってくるのが目的です。

　組織開発という領域に引きつけて言うならば、課題解決を通じて組織の現状を改善すること、それによって組織としての成果の質を高めることこそが目的にほかなりません。

　どれだけ優れた戦術をイメージできたとしても、目的が異なれば、あるいは戦略とのたしかな結びつきがなければ、戦術が功を奏する可能性

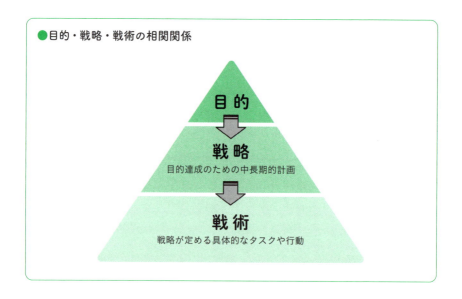

は、限りなくゼロに近づきます。

　だからこそ、組織開発にはさまざまな手法があります。

　詳しくは第3章で見ていくことにしますが、中長期的な時間軸で改善に向けた計画を立て、それぞれのタイミングで何を行うのか、標準的な手法にもとづき具体的に定めていきます。

　組織開発が戦略的アプローチと呼ばれる所以はここにあります。

とはいえ、組織開発のアプローチは一様ではない

　「標準的な手法」という言葉だけが独り歩きするのは、明らかに好ましくない事態の1つです。お決まりのテンプレートをただ「当てはめる」だけのアプローチという誤解が生じてしまうと、組織開発のメリットが大きく損なわれてしまうからです。

　チームスポーツに親しんだことのある方は、ぜひそのときの経験を思い浮かべてください。プロスポーツでは、目的は勝利を摑み取ることであり、チームを強化するための「標準的な」戦略というものが存在するはずです。しかし、チームとして「実際に」どんな戦略を立てるかは、所属するメンバーの能力や特性によって大きく異なります。

　例えば、長打力のあるバッターがいない野球チームは、投手力や守備力、走力を重視した戦略を立てます。絶対的なストライカーを有するサッカーチームは、いかにしてエースにボールを集めるかをひたすらに追求することでしょう。

　大切なのは、勝つための戦略は1つだけではないという理解です。どの戦略がよくてどれが悪い、といったことはまったくありません。それぞれに根拠があって、いずれも勝利という目的を持っています。

　このことは、組織開発についてもそのまま当てはまります。

組織をよくするという目的は1つであるとして、それを具体的にどうやって実現していくのかは、組織に所属するメンバーの能力や特性、さらには組織の歴史などによっても違ってきます。組織開発の主体であるCAは、この点を常に意識しなければなりません。

　組織に吹く風は決して一様ではなく、風の吹き方・通り方もまた常に同じということはありません。**テンプレートの当てはめという発想では、誰もが前向きな気持ちで改善に取り組むことができません。**言うまでもなく、望んだ結果を得ることもできません。

　時には対話の中で、個々の意見や態度が変化し、変化が重なって想定外の化学反応が起きる場合があります。変化を予定外のものとして遮断することなく、フレキシブルに扱うことも、CAにとっては非常に重要な点です。

組織開発はすべての人にとっての学びの場である

　組織開発のアプローチ方法が決して1つではないという点からは少し離れているように映るかもしれませんが、組織開発に臨む人、特にCAにとって大切な視点についてお伝えします。

　それは、組織開発とは学びの場であるというものです。

　ここで再び人財開発との比較に戻りますが、人財開発の難しさの1つに、マネジメント層や管理職といった上位者になればなるほど、研修から得られるものが薄くなり、人財開発というカテゴリーから離れていくことになってしまいます。言い換えれば、成長するほどに学びの機会が減っていくということです。このような悩みを抱える役職者は多いと感じています。

　しかし、組織開発はそのデメリットを補う可能性を含んでいます。

　例えば、研修ではよくワークショップを実施します。テーマこそ異な

りますが、組織開発もまた多くのワークを取り入れています。参加するメンバーは、然るべきプロセスに従って対話を実践します。言葉を交わすことによって他者を理解し、自らを内省し、それらをくり返すことによって双方を受容していきます。

　これは組織の中での立場に関係なく、経営者もマネージャーも、一般職も、フラットな関係性の中で一緒に取り組みます。

　日々の業務ではどうしても上下関係が前面に出てくることから、双方の距離を縮めるのは簡単ではありません。一般職が上司の前で赤裸々に仕事上の悩みを告白するなどといった機会はありませんし、役職者は役職者で、組織の方針や自分の意向が伝わっているのかを、面と向かって確かめることもできません。

　しかし、組織開発のワークショップではお互いを職位ではなく、本名でもなくニックネームで呼び合いながら、フラットな関係性を意図的／戦略的に生み出していきます。

　そうすることで、お互いが思っていながら言えずにいることを、叱られたり嫌われたりする不安をすべて取っ払って、率直に語れる機会としていくのです。

　一般職にとってもそうなのですが、特にマネジメント層にとって、こうしたワークショップが大切な学びの場となります。メンバーの想いや悩みなどを全身で体感することができるからです。あるいは、自身の伝え方など不十分な点にも気づけるからです。

　セミナーに参加して専門的・学術的な話を聞くことも大切ですが、通常の業務の中では絶対に聞けないのが、メンバーの率直な想いや、自分自身に対するダイレクトな評価です。

　また、一般職の側も、普段は絶対に聞けない上司の本音や悩みに触れることができます。組織の方針がなぜこのように決まったのか、本音の部分も確かめることができます。だからこそ、**組織開発は、すべての人**

にとっての学びの場となるわけです。

　ワークショップが終わったあとには、多くのメンバーが驚くほどの変化を示します。

　例えば、エグゼクティブコーチングや越境学習、修羅場学習など、マネジメント層向けにもさまざまな学びのプログラムが存在します。これらの重要性は十分に理解したうえで、それでも、組織開発にはそれらに決して劣ることのない学びの可能性が含まれています。

　こうした点からも、立教大学の中原淳先生のお言葉を借りるなら「組織開発と人財開発は表裏一体である」という重要な事実がよく理解できるのではないでしょうか。

組織開発が重要性を増している理由

20世紀のシンプルな時代

　私が長く取り組んできたから、という点を真摯に割り引いても、組織開発の重要性、ないしは（潜在的な部分も含めた）組織開発に対するニーズは、年々高まっているように思います。

　その理由を端的に言うならば、世界が複雑になっているから。

　20世紀のビジネスシーンは、リアルタイムを生きる人にとってはそれなりにハードなものだったに違いありませんが、今から当時を振り返ると、非常にシンプルだったと感じます。

　高度経済成長以来、経済は右肩上がりを続け、ビジネスの存続が脅かされることもなく、仕事上で大きなミスさえ起こさなければ、職位も順

調に上がり、出世して定年退職を迎えられる。

今では揶揄されることの多い「年功序列」「終身雇用」が、極めてポジティブな意味を持って機能していた時代です。

そんな時代にあっては、個を主張する必要性はあまりなかったと言えます。上司や先輩の意図を理解することは、時代が錯綜している現代に比べて、はるかに簡単だったからです。

個人の価値観は組織の価値観であり、今では信じられませんが、「企業戦士」「24時間戦えますか？」といったフレーズが、誰にも疑問を抱かれることなく世の中を飛び交っていました。

こうしたシンプルな社会や組織において、組織開発の取り組みは、時に忖度しながらも意見を出し合い1つの方向に進むことを決め、話し合いのあとには一杯飲んでガス抜きし、団結の度合いを高める、といったケースが多かったように思います。

私は歴史考証の専門家ではありませんのでこのあたりで止めますが、少なくとも「組織が上手くいっていない」と感じるときに、戦略的なアプローチをイメージできる時代ではなかったわけです。

複雑化する一方の現代

しかし、21世紀の声が聞こえてきた頃から状況は一変します。

バブル経済の崩壊を皮切りに、それまでのツケが文字どおり一気に噴出しました。「リストラ」という言葉が世間を騒がせ、自己責任の風潮が強まるなかで、会社が社員を守ることが次第に難しくなり、超の字がつく一流企業でも多くの不祥事が発覚しました。

内部統制やコンプライアンスといった概念が海外から輸入され、ルールや仕組みを作って統制する方向へと大きく舵が切られます。しかし、それで企業を取り巻く状況が好転することはなく、現実はより難しい対

応を迫る方向へと進んでいきました。

　いくら「和を以て貴しとなす」日本の社会であっても、上からの一方的にも映る統制や管理は馴染まなかったように思います。

　そうこうしているうちにグローバル化やテクノロジーが進展し、1つのタスクや判断に関係する人や項目の数が圧倒的に増えました。今ではすっかり世の中に定着した「VUCA」という言葉が示すとおり、ビジネスが置かれている環境は激しく、かつ短期間のうちに変動し、世界情勢の行く末はますます不確実なものとなりました。私たちの置かれた環境は常に曖昧模糊としていて、すべての判断が複雑さを増しています。そして未来の予測がどんどん困難なものになっていきます。

　未来の予測が困難であることの本質的な意味は、これまでと同じやり方では同じ成果は得られない点にあります。

　個々の業務の場面でもっとも望ましいと思われる選択肢のことを「最

● 「VUCA」の時代

Volatility　・・・変動性
　✓価値観や仕組みの変化、テクノロジーの進展が背景

Uncertainty　・・・不確実性
　✓雇用制度の崩壊や新型の感染症リスクなどが背景

Complexity　・・・複雑性
　✓インターネットの普及、経済を中心とするグローバル化が背景

Ambiguity　・・・曖昧性
　✓問題の原因が不透明、価値観の多様化＝解釈の多様化が背景

適解」と呼びますが、この最適解が、ものすごい速さで変化し、前例踏襲だけではもはや通用せず、多くのビジネスパーソンが日々悩みを深くしているというわけです。

ダイバーシティ＝多様性の時代

　社会の仕組みの変化と共に、あるいは、社会の変化のスピードを上回るような勢いで、人々の価値観も大きく変化してきました。
　かつては「個人主義」という言葉にネガティブな雰囲気を込める人が多かったように思いますが、今や「個の尊重」「多様性の受容」などといったように、ポジティブな意味に変換されています。
　ここにはグローバル化の進展も間違いなく影響しており、日本を訪れたり日本で働いたりする外国人の数が増加したことによって、個々に異なる価値観や文化を尊重すべきとの認識が、社会に急速に浸透しました。ダイバーシティに対して開かれた社会であること。これは議論の余地なく素晴らしいことだと言えます。

　とはいえ、組織は個人よりも図体が大きく重い分だけ、そこまでスピーディーに姿を変えることができません。そのため、今もなお多くの弊害や摩擦が組織の中で生じています。

　上司が若手社員の価値観を理解することができない。
　若手社員が上司の言葉を理解することができない。
　外国人社員の行動を理解することができない。

　多様性に対して開かれた組織であるためには、多様性＝個人間の違いは「事実としてそこにある」との理解を身につけるところからスタートしなければなりません。「なぜその違いが生じているか」を理解する前

に、違いがあること自体を理解するのです。

　これは実は、口で言うほど簡単なことではありません。私たちはどうしても物事を自分の基準＝価値観に引きつけて受け止めますし、そうなると無意識のうちに評価が入り込んでしまいます。その結果、組織のコミュニケーションの活性がどんどん低下していきます。

働き方の変化

　私たちを取り巻く仕組みの変化として、働き方の変化についてもここで触れておくのがよいと考えます。

　先ほど「24時間戦えますか？」という昭和の代表的なフレーズを取り上げましたが、決して冗談とは言えない状況があったからこそ、この言葉がテレビのCMソングに乗って全国を駆け巡ったわけです。長時間の残業は当たり前、仕事が終わらなければ会社で朝を迎える、土日の出社は積極的に、書類を家に持ち帰るのもOK。

　時間管理という概念は表面的に扱われ、「成果を管理する」という意識だけが支配していました。残業はほとんどがサービス残業で、人件費に関するコスト管理という意識もありませんでした。また、コンプライアンスや個人情報管理は未来の道具のような感じです。

　私が会社に入った頃は、これらの名残がまだ根強く残っていたと記憶しています。

　今の時代、長時間の残業や徹夜の業務、家に持ち帰っての仕事、どれを指示しても、さまざまなところから厳しいご指摘を受けます。すべてを安易にハラスメントと呼ぶ風潮には賛成しかねるとしても、昭和の働き方の押し付けはハラスメントに該当するとの意見には、私を含めて多くの方が首を縦に振ることでしょう。

　問題はやはり、組織の仕組みが変化に対応できていないところにあり

ます。時間やコストを管理し、社員の健康などにも配慮する。しかし、メンバーの意識が変化し、組織の仕組みがそれらに対応しようとかたちを変えても、個人の能力が急速に高まるわけではありません。組織に与えられた業務量とメンバーが処理できる業務量との間にギャップが生じ、それを埋めるために、これまでにはない多くの摩擦が生まれるようになりました。

組織のあり方が変わらなければならない

　これまでお伝えしてきたような社会のさまざまな仕組みの変化、そこに生きる個人のあり方の変化を前にして、組織は非常に苦戦を強いられています。
　どうすれば業務を円滑に進めていけるのか、どうやったら誰もが安心して働ける環境づくりができるのか、不祥事を起こさず健全に業務を運営していくには何が必要なのか。
　これらの疑問を解決する有効な答えが見出せずに、組織は今も、試行錯誤を重ねています。組織は変わらなければならない。誰もがそのことを理解しています。しかし、既存のアプローチではなかなか上手く行かない。その点もまた痛いほど理解しています。一部には、変化を諦めてしまっている企業もあるかもしれません。それでも、多くの企業は組織の現状を何とかポジティブな方向に進めたいと悪戦苦闘を続けているのです。

　そこで注目されるようになったのが組織開発です。
　個が変わる／個を変えるだけでは十分ではなく、組織を個人とは異なる存在と認識し、切り離して考える観点が必要であることに、人々の意識が少しずつ向くようになりました。
　組織開発への関心は、乱暴な物言いをお許しいただけるならば、組織

を変える／組織が変わる方法を知りたいという切実な気持ちに裏打ちされています。多様なバックグラウンドを持ったメンバーを、誰一人取り残すことなく受け入れ、組織の成長と個人の成長とを同時に実現することのできる組織のあり方を求めて、人々は次第に組織開発の扉をノックするようになりました。

　冒頭でもお伝えしたように、組織開発とは1つの答えを指し示す万能薬ではありません。それでも、標準的な手法を理解し、本質を把握することができれば、それぞれの組織の現状に適合した答えを導き出すことができます。

　例えば、組織のあり方を、かつてのようなピラミッド構造から、フラットで柔軟な組織構造へとシフトしなければならないということをお伝えする機会が非常に多くあります。フラットな組織や関係性は組織が変革していくための基盤をなすものだからです。

　しかし、「フラット」と口にするだけでは何がフラットな状態かを知ることができません。また、組織が培ってきた歴史や風土により「フラット」のあり方は異なります。

　だからこそ、組織開発のアプローチが重要なのであり、さらに、本質を理解したCAの存在が必要とされているわけです。不確実で予測が困難な時代だからこそ、組織開発の重要性が増している点をここでご理解いただければ幸いです。

③ 組織開発のメリットと課題

組織開発の3つのメリット

　さらに組織開発についての関心を深めていただくために、今から組織開発のメリットについて見ていくことにします。適切な手法を用いて組織開発に取り組むメリットは大きく3つあります。

●組織開発のメリット
　　メリット①　組織が元気になる
　　メリット②　仕事が楽しくなる
　　メリット③　個人も成長できる

　ここまでお伝えしてきた内容と重なる点もあるとは思いますが、ぜひとも理解を深めていただき、組織開発へと取り組む動機づけの1つとしていただければ幸いです。
　とはいえ、組織開発といえども、完璧な仕組みではありません。どれだけ真摯に取り組んだとしても、デメリットが生じてしまう場合が存在します。これらは組織開発の課題と見ることができ、最後に触れることといたします。

●メリット①　組織が元気になる
　組織は人で成り立っています。人は関係を構築することによって集団を営みます。企業に当てはめれば組織を形成し、日々の業務に取り組み、組織としての目標達成を目指します。

人間関係の基礎になるのはコミュニケーションです。
　余談にはなりますが、communication の冒頭にある「com」には「共同で」という意味が含まれています。コミュニケーションとは複数の人の間で行われる共同作業であり、だからこそ、上司からの一方的な伝達はコミュニケーションには該当しないわけです。
　このような本質が理解できていないと、組織の中での情報伝達は双方向ではなく一方向のものとなり、コミュニケーションの活性が大きく低下することになります。端的に言うならば、「元気のない」組織になってしまうわけです。

　さらに、現代の組織では効率とスピードを重視する傾向が強く、必然的に業務上の会話も短く済ませる人が増えています。仕事とは直接関係のない話題は極力避ける。自分の想いや近況、夢や悩み、そんな「業務性に乏しい話題」は敬遠されるようになり、その結果、仲間に対する関心や理解のレベルが低下し、組織の中の人間関係はどんどん希薄なものとなっていきます。
　問題に目を向け、その解決を何よりも重視する考え方を「問題解決思考」と呼びます。日々の仕事とは問題解決の連続であり、問題解決思考がなければビジネスは成り立ちません。とはいえ、問題解決思考が強くなりすぎると、組織のネガティブな側面だけに目が向くようになり、短期的な成果を焦り始め、効率やスピードを過度に重視するようになります。このようにして組織の元気がますます失われていくのです。

　組織開発はコミュニケーションを何よりも重視します。すべてのメンバーが、上司－部下などの日々の関係性をいったんリセットし、フラットに想いをぶつけ合う機会を大切にしています。
　その際には、組織の問題点など、ネガティブな部分は共有するに留めておき、自分たちの強みや目指すべき未来、あるべき職場のかたちなど

といった、ポジティブなテーマについて話し合うことを基本とします。

　前述の問題解決思考は組織のギャップに目を向ける考え方であり、ギャップアプローチと呼ぶことができます。他方、組織開発におけるコミュニケーションはポジティブなテーマを取り扱っている点で、ポジティブアプローチと定義することができます。

　ギャップを眺めることは、何と言っても楽しくありません。
　楽しくないから元気が失われていくのです。元気を取り戻すにはポジティブなコミュニケーションの場が圧倒的に必要です。
　そのような場を意図的に設置することで、コミュニケーションのレベルを高めていくことが組織開発の大きな目的の1つです。
　心に積もった「泥」のような感情を全員が吐き出すことによって、職場のコミュニケーションは再び活性を取り戻します。
　これが組織開発の1つ目のメリットです。

●メリット②　仕事が楽しくなる

　どのように「楽しくなる」かは組織によって異なりますが、組織のコミュニケーションが活性化することによって、組織は間違いなく改善の傾向を示します。
　すべての問題がコミュニケーションによって解決できるわけではありませんが、組織開発の重要な基礎の部分をコミュニケーションが担っていることは確実です。建物にとっての基礎の役割と基本的には同じだからです。
　心理的安全性についても同様ですが、組織の中で自由に発言できる雰囲気が生まれると、自分の意見や感情に加えて仕事に関するアイディアなども積極的に発信されるようになります。自分以外のアイディアに触れる機会が増えることによって、解決の方法は必ずしも1つではないことがわかります。質問をして理解を深め、色々な方法にチャレンジする

ことによって、上手く行く方法＝最適解を見つけやすくなります。

　<u>組織に所属する全員がポジティブに問題解決に取り組むことで、組織としてのアウトプットの質は確実に向上する</u>ものと言えます。仕事が「楽しくなる」とはまさに、この意味にほかなりません。

　この流れはポジティブアプローチが生み出すものです。
　行き過ぎがもたらす問題解決思考のネガティブな側面を克服し、組織の問題を解決すること。まるで明と暗が反転したかのように、ポジティブアプローチによって組織がよくなっていくこと。
　まさにこの点に組織開発の妙味があり、私たちに2つ目の大きなメリットを与えてくれるわけです。言い換えれば、いつもとは異なる窓から組織の中を覗き込んでみること。そんなたとえの中にこそ重要な本質が潜んでいる。そう思えてなりません。

●メリット③　個人も成長できる

　すべてのメンバーが自分とは異なる考え方に触れることができるようになると、職場にとってはもちろんですが、個々のメンバーの成長も促されます。「環境が人を育てる」とは、まさにこうした状態の職場に当てはまると言ってよいでしょう。
　また、組織をフラットな状態に保つことができれば、メンバーがより大きな責任と権限を持つようになります。役割の拡大は個人の成長をさらに促します。それがプレッシャーになることは明らかに本末転倒ですが、学ぶ意欲が高まるなどの効果が期待できます。

　そのような中、留意すべき点があります。
　この点は個人の成長に限った話ではないのですが、組織が環境を整えてくれる、そんな受け身の姿勢でいるメンバーは、組織開発のメリットを十分に享受することができません。主体的な役割を担うCAにすべて

が委ねられ、CAだけが汗をかき続けているようでは、組織は決して元気になりませんし、よくなることもありませんし、メンバーも成長を実感することができません。

その意味で、自発性や主体性は組織開発の必要条件とも言えます。組織開発に取り組む際には、全員がこの点を腹落ちさせていること。それが何よりも重要です。**経営者も一般職も、自らの力で組織の文化や風土を変えられる。**そんな意識を十分に育んでいかなければなりません。

組織開発の課題

自発性や主体性以外にも、組織開発にはいくつか課題があります。ここでは大きく2つの点を見ていくことにします。2つの課題とは「わかりにくさ」と「続けにくさ」です。

前者の「わかりにくさ」とは、「元気」「よくなる」「成長」などの言葉が暗に示しているように、定性的な部分が強いということです。以前は「どれくらい」元気がなかったのか。「どれだけ」よくなって「どこまで」成長したのかといった肝心の部分が、売上や利益など定量的には把握できないというところが問題です。さらに、それに貢献できたとも証明しづらいところもあります。受験生のように、テストの点数や偏差値が上がれば学力が伸びたと実感できますが、組織開発の場合にはそれが機能しません。

また、これはCAや人事部の人について言えることなのですが、心を込めて組織開発に取り組んでも、何をもってミッション完了と判断してよいのか、わからない部分がどうしても残ってしまいます。少し生臭い話にはなりますが、周囲にも成果が伝わりにくいため、自身の評価につながりにくいといったジレンマがあります。

このようなジレンマがもう1つの課題につながっています。

人間とは実に正直な生き物で、効果や評価が実感できなければ、なかなか1つのことを継続することができません。ダイエットでも失敗する人があとを絶たないのは、努力と結果とのアンバランスさ、投下したコストに見合うだけのリターンが実感できない、そうした問題を払拭するのが難しいからです。

　また、一定規模以上の組織の場合には、人事異動などで担い手が替わってしまう点もリスクであると言えます。特に職場の責任者が交替してしまうと、それまでの方針が一変することも起こり得ます。

　無論、これらの課題を克服するためのアプローチも存在しますが、それらについては第3章で見ていくことにします。次章ではまずどんな課題があるかを明確にしていきたいと思います。

第2章

立ちはだかる10の壁とその背景にあるもの

本章でお伝えしたいことは以下のとおりです。

壁1　人事のやけど
壁2　自組織のアウェイ感
壁3　組織開発の市民権
壁4　マネジメントの壁
壁5　成果／評価の見えにくさ
壁6　継続することの難しさ
壁7　活動リソースの捻出
壁8　文化を変える難しさ
壁9　サーベイの扱い方と開示の要否
壁10　組織の規模

組織開発に臨むCAは、その取り組みのなかで多くの困難に直面します。よくある10の困難を壁と表現し、それらが生じる背景も含めて見ていくことにします。

私は組織開発に取り組んでいる多くの仲間たちと共に学ぶ機会を非常に大切にしています。研究者、企業経営者、組織に所属しながら組織開発に取り組む内部実践者、あるいは組織開発コンサルタント。立場の異なるメンバーがコミュニティを形成し、組織開発に関する意見交換を重ねる機会は非常に刺激的なものです。
　参加するたびに多くの学びを得ることができます。それと同時に、組織開発に関心を持つ方々の数が年を追うごとに増えているという手応えがあります。ちょっとだけ先に取り組みを始めた人間として、これはとても嬉しく、さらに学びへの意欲を高めてくれる状況だと言って差し支えありません。

　そんな仲間たちの交流のなかで話題になるのが、組織開発に伴う多くの困難です。ある人が「こんな問題が起こった」と口にすると、実にたくさんのメンバーが「私も！」と追随します。多くのCAが、共通する困難に直面していることがわかります。

　これから見ていく10の壁とは、多くのCAがそれぞれの場所で直面している困難の中でも、特に代表的なものをまとめたものです。ここで取り上げる以外にも多くの困難があることは承知しています。それでも、みなさんがCAとして取り組むことを念頭に置いたとき、ひとまずこれら10の壁を理解していただくのがよいと考えました。それぞれの困難を詳しく見ていくことにしましょう。

壁1 人事のやけど

人事は与える存在か？

　最初に見ていくのが「人事のやけど」です。

　人事部に所属されていて、これから組織開発と向き合う方には、ぜひ心に留めておいていただきたい問題です。

　この「やけど」が生じるのは、人事部が主体となって職場改善に取り組むときです。

　人事部は組織開発についての知見を有する一方、職場のメンバーが必ずしも組織開発に詳しいわけではありません。そんな認識のギャップからコミュニケーションギャップが生まれ、そこで生じる摩擦が大きくなるとCAがやけどをするわけです。

　現場第一線のメンバーが人事部に対して抱いている印象を1つにまとめることには無理がありますが、よくある印象として、「何かをしてくれる人」／「何もしてくれないほうがよい人」といったネガティブなフレーズを挙げることができます。

　職場の改善を旗印に人事部のCAが現場第一線に近づいてくると、「今度は何をしてくれるのか？」「面倒にならなければよいのだが」などといった声がどうしても出てきてしまいます。

　すでに述べたとおり、組織開発には全メンバーの主体性が必要不可欠なのですが、**人事＝与える人／押し付けてくる人**という印象が強すぎるため、CAの持つポジティブな意図が伝わらないケースは決して少なくありません。

　まさに最初にぶち当たる壁がこの問題なのです。

批判や誤解がやけどを生む

　現場第一線のネガティブな印象を払拭できず、主体性が大切との理解も不十分なまま、表面的に物事を進めてしまうと、組織開発の大切な機会が人事を批判する場に転化してしまいます。

「そもそも、人事制度が悪いから現場が困っているのではないか？」
「人事が実際に現場の仕事をするわけではないだろう？」
「こちらが改善してほしいと臨んだわけではないんだけど？」
「人事が評価されたいからやってるだけじゃないの？」

　かなり控えめに言って、私自身も少なからず、こうした職場からの声に晒されてきました。軽いやけどの痕は今も数多く残っています。だからといって、現場第一線のメンバーの想いを否定する気持ちはまったくありません。
　立場が逆であったなら、私も同じような声を上げていたかもしれないからです。

　ここでアプローチを誤ってしまうと、やけどが生じてしまいます。職場からの声をネガティブに受け止めるのではなく、現状を知り、想いを肯定的に受け止めることが、CAには必要とされています。

　この壁を越えていくためには、7つの点に留意することがとても重要になってきます。私はそれらを「7ルール（セブンルール）」と名付け、1つのガイドラインのかたちに整えました。
　詳細は第3章にて見ていくことにします。ここではまず、職場の声に寄り添ったかたちでのアプローチが重要であることをご理解ください。

壁2 自組織のアウェイ感

自組織のなかで感じる孤独

　これも人事部の CA が直面する困難の 1 つです。しかしながら、このアウェイ感は現場第一線から遠ざけられるということではなく、人事部の中で組織開発に取り組もうとするから感じるものです。私自身も、組織開発の仕事に関与しはじめた当初は、アウェイ感に苛まれることが少なくありませんでした。

　人事部という 1 つの括りこそあるものの、その中での仕事は実に多岐にわたっています。人事、採用、労務、制度設計／変更、人財開発、そのあとに組織開発が続きます。労務問題への対処や優秀な人財の採用といった仕事にはスポットライトが当たりやすいと言えます。問題が適切に解決された事実や、よい社員が増えたという実績は、誰の目にも明らかだからです。タイミングよく人事制度の大々的な変更に携わった人も、脚光を浴びやすいと言えるでしょう。変更の恩恵を多くの人が受けることになるからです。

　しかし、人財開発や組織開発に光が差すことはあまりありません。その最大の理由は効果の測定が難しい点にあります。

　言うまでもなく、人財開発や組織開発の重要性自体は、人事部のメンバーであれば概ね正確に理解しています。それにもかかわらず、ある社員がどんなスキルを身につけたのか、ある職場がどのような改善を示したのか、それを具体的／定量的に理解するのは、決して簡単なことではありません。

　その結果、組織開発に従事している本人は本当に血の滲むような努力

を重ねているのに、同じ人事部のほかの組織のメンバーからは、どこか他人事のような視点で眺められることが多くあるのです。

諦めずに認知を広げていくこと

こうしたアウェイ感を払拭するのは簡単ではありません。

実際にやってみなければ、組織開発の難しさや取り組みの意義は体感できませんし、それが自身の業務ではないメンバーに対して、無理に知ってもらえるよう要求することもできません。

他方、そのような孤独を甘んじて受け入れることが宿命なのかと言われれば、それには積極的に反論したいと考えています。

もっとも効果的な反論は、組織開発についての正確な理解そして困難を、できるだけ多くの人々に認知してもらうことだと私自身は考えています。

組織開発についての認知の低さは次の壁3で詳しく言及しますが、関与する人間が、**標準的な手法や効果測定の方法などをさらにブラッシュアップし体系化する**努力を諦めずに続けていくことが必要不可欠です。まさに本職の役割とはそのような点にあるのです。

だからこそ、自組織のなかにCAの仲間（理解者）づくりを始め、決して一人では戦わないことが重要です。

ぜひともみなさんと、この状況を変えていきたいと願っています。

壁3 組織開発の市民権

昔はキャビンアテンダント？

　ここでは、前項でも少しだけ触れた組織開発の認知の低さという壁について見ていくことにします。言葉は乱暴かもしれませんが、認知の低さとは組織開発が完全に市民権を獲得してはいない状況を意味しており、同時に、これから意識が高まり、活動の質が改善し量も増えていくことによって、状況は必ず変わっていくとの期待を込めた言葉遣いでもあります。

　例えば、みなさんはすでに馴染んでいただいたことと思いますが、CAという言葉1つを取ってみても、企業の部長クラスの方々でさえ「それって何？」「航空会社のこと？」などといった疑問を口にする場合が少なくありません。

　組織開発という言葉の意味や概念自体が十分には世の中に浸透していないことの証左であって、働きかけが不十分な点も含め、私自身、大いに反省すべきと心得ています。

　くり返しになりますが、組織開発の効果は現場第一線での業務のように定量的に示すことが難しく、どれだけ組織の長期的な健全性や成長に大きく寄与するものであると語ってみたところで、**すぐに理解が得られるものでもありません。**経営や他部署との間で評価のギャップが生じることも多く、認知という壁を乗り越えてもなおこうした困難が残ります。この点もまた、組織開発の市民権が十分に確立されていない理由の1つと言えます。

与えることによって得られる喜び＝価値観の軸

　市民権の確立はまず組織開発に取り組む私たちの**理解やスキルの向上が不可欠**であり、前者の理解の向上のために、私自身の考えを少しだけ述べさせていただくことにします。
　私は組織開発の仕事の本質が「**看護**」に似ていると考えています。
　病気やケガを積極的に治療するのは医師であり、だからこそ今も医学部受験は競争率が高いままです。評価や名声、高い報酬などを得られるのが医師の仕事。そんな認識が社会に根強くあることを、正面から否定される方は少ないと思います。

　しかし、医療全般が医師だけで成り立つわけではありません。
　日々の患者の様子をしっかりと観察し、気になる点や異変などが見つかればすぐに察知し対処する、そして医師へとつなぐ。
　精神的な部分も含めて、患者をケアすることが看護の仕事です。しかし、ケアの効果を定量的に測ることは難しく、その重責のわりに光の当たる部分が少ないと感じています。

　私自身も一度入院したことがあり、そのときに接したスタッフの患者に寄り添い、支える献身的な姿勢には深い感銘を受けました。そして、**ナイチンゲールの精神は、組織開発にも通じる点が多い**ことを実感しました。メンバー間での情報共有やサポートが不可欠であり、言われていないことでも自らが主体的に判断し、関与していく（わりには評価されない）。自らの献身が誰かの役に立ったという充足感や感謝の言葉などを報酬として、そこに大きな喜びを感じる姿からは、本当に多くを学びました。組織開発に関わる私たちの軸もまた、こうした喜びにあるのだと強く実感した次第です。

長く充実した人生のために

　ここからは少し余談になりますが、組織開発の価値観の軸＝自ら与えることによって喜びを得るという精神は、長く充実した人生を送るうえでも重要だと考えています。

　今や人生100年時代。企業で長く勤め上げた人でもリタイア後の人生の時間の過ごし方が重要になってきます。組織に所属する間は自分が何を成し遂げたか、どれだけ出世したか、それだけの報酬を得ていたか、といった点も重要です。テイクしている自分を意識し、より多くを得ようとする姿勢を私は否定しません。

　しかし、いったん組織を外れて素の自分に戻ったとき、例えば、地域のコミュニティの中で「私は○○社の部長だったんだ」などと言ったところで、多くの賞賛が得られるわけではありません。

　むしろ、「あの人、以前は大企業の部長だったらしいけど、そんな素振りはまったく見せずに、謙虚に活動に協力してくれる」などと言っていただくほうが、はるかに**長く充実した人生**を送れます。

　私がこうした理解を得ることができたのも、組織開発の仕事に長く従事してきたからです。本当によかったと思います。

　なお、これからAIがさらに進展していくと、社会から不要というレッテルを張られるおそれがあるのは、看護師よりも医師のほうだと言われています。患者の微妙な表情の違いなど、AIではいまだ判別がつかない部分を見極める眼力があるからです。そんな話を耳にして、少しだけ勇気づけられる私なのでした。

壁4 マネジメントの壁

理解と共感、協力の不足

　現場第一線の壁を乗り越える以上に難しく、精神的なダメージを受けやすいのが、これから見ていく4つ目の壁です。

　ここで言う「マネジメント」とは経営者／経営層を指しています。広く「経営側」という括り方をお許しいただくならば、CAないしは組織開発そのものに対する理解と共感、協力の欠如／不足こそが、マネジメントの壁にほかなりません。

　立教大学経営学部の中原淳先生も問題意識を持たれているように、組織開発の取り組みを進めるうえでは、経営側はもちろんのこと、部長など上級管理職の理解が欠かせません。

　しかし、組織開発に対して、もっと正確に言うならば、根本から何かを変えようとする試みに対して、根源的なレベルでの抵抗感を持つ経営側は多く、「よくわからないから、あとはよろしく」などの**無関心／無言の抵抗の姿勢を示されるケースが少なからずあります。**

　こうした「よきに計らえ」「あとはよしなに」などのスタンスは、組織開発の重要性を（少なくとも頭では）理解している経営側にも見られるものです。理由として挙げられるのが、「成果の保証がない」「（自身／CA／組織に）専門的な知見がない」といった点であり、このような逆風が吹きこむ先には、「だからこそ、社内CAではなく専門家に任せる！」という判断が待ち受けています。非常に多くの取り組みが、この逆風の中で頓挫してきました。

大切なのは「わかりやすさ」

　経営側の中には、組織開発の概念や関連用語を理解できていない方々が少なくありません。それでは当然のことながら、組織開発の重要性やその効果を十分に伝えることもできません。
　CAが熱量を込めて目的や意義を語れば語るほど、経営側の温度が下がっていくというケースを私は何度も耳にしてきました。表現は少し乱暴かもしれませんが、共通言語を欠いたコミュニケーションでは決して珍しくないシーンです。

「ホントにそれでよくなるの？」
「薬で治療するというよりは体質改善のようなもので……」
「だったら時間がかかるよね？」
「はい……」
「そんな時間、どうやって捻出するつもりなの？」

　言うまでもなく、組織開発は中長期的な取り組みであり、そこに即効性を求めるのは適切ではありません。この点を経営側にもよく理解してもらうには、組織開発の効果やメリットを具体的に示し、**経営の改善に直結するまでのプロセスを描く**必要があります。

　もちろん、常に結果が出るとは限りません。それでも、どこかで必ず体質改善を行わなければ、忘れた頃にその影響が出てきます。人間の身体と同じで、若い頃は無理が利いても時間を重ねるごとにダメージが顕在化していくのです。こうした点をわかりやすい言葉で伝えることが、私たちCAには求められています。諦めることが一番の敵なのだと理解する必要があります。

壁5 成果／評価の見えにくさ

成果と評価、そこには2つの問題がある

　4つの壁の話の中でも少し触れてきましたが、5番目の壁として成果や評価の見えにくさといった問題を掘り下げていきます。

　正確さを期して表現するならば、この壁には2つの異なる問題が含まれています。1つには、組織開発の成果とは何なのか、誰もが理解できる意味を与えることが非常に難しいという問題があります。そしてもう1つは、仮に成果が定義できて、取り組みの結果、それを達成できたとして、誰がどのように取り組んだ結果なのか、個人の評価を見定めるのが難しいという問題です。

　何がゴールなのかが見えにくく、仮にそれを実現できたとしても自分の評価にはならないかもしれない。それが現実だとするならば、関与者のモチベーション維持にとっては危険な状況と言うべきです。

　他者に貢献する喜び、という話をしました。たしかに、**価値観の中心に奉仕の精神がもたらすリターンを据えることは理想的**です。とはいえ、私たちには他者からの承認＝評価も必要であり、何より評価にもとづく報酬を得て日々の生活を営んでいます。

　だからこそ、成果や評価がわかりにくいという点は、組織開発の取り組みが社会の認知を得て発展していくうえでの、かなり大きな障害となってしまうおそれがあるわけです。何とかしてこの問題を解決していかなければ、CAの担い手が枯渇します。私個人としても非常に強い問題意識を持っています。

少なくとも成果を見えやすくするという点では、**職場の問題点を定量化する試み**に挑まなければなりません。私たちは職場の状況に関するサーベイ（職場力調査）を実施し、どこにどのような問題の根があるのかを特定し、改善に取り組み、取り組みの前後でそのデータを比較し、改善が見られたかどうかを検証しています。
　こうした手法を取り入れることによって、成果を具体的に定義し共有するという難しい試みに挑戦しています。

　しかし、**データはあくまでもデータ**です。それが組織の問題をすべて正確に表しているという保証はありませんし、そう考えるとまた別の摩擦を呼び起こすことにもなりかねません。
　数字上では「悪い」と診断された組織のマネージャーは、自分が責められるのではないかと疑心暗鬼になるかもしれません。それは取り組み全体にとっての阻害要因となり得ます。
　あるいは、「人事に目をつけられた」と誤解する人も少なくないため、あまりに数字にこだわり過ぎると、良好な合意形成が阻害される場合もあります。

　私たちCAには、こうした点に留意しながら、**データと実態との乖離や一致を常に把握**するよう心がけなければなりません。
　これは決して簡単なことではありませんが、見えにくいゴールへの視界を良好にするための不可欠な作業だと理解しましょう。
　そんな丹念な積み重ねこそが、CAに対する評価につながってくると信じています。みなさんもぜひ、その一翼を担ってください。

壁6 継続することの難しさ

「打ち上げ花火」の難しさ

　実はこの壁こそが、CAの行く手に立ちはだかる多くの壁の中でもっとも攻略が困難なものだと私は考えています。

　これは必ずしも組織開発に限った話ではないかもしれませんが、何かの会議の折などに話題が出て、その場の空気の中で盛り上がり、組織開発の機運が突然高まる、といったケースが少なくありません。提案者が社内で力のある人だったりすると、組織の風土によってはまるで雪崩のように、実施に向けた動きが加速したりもします。

　しかしこうした動きこそが、危険を知らせる兆候なのです。

　花火は日本の真夏の風物詩です。

　その季節になると多くの花火大会が開かれ、老若男女を問わず、有名な大会には本当に多くの人が訪れます。メディアなどでも毎年、一夜の熱狂と祭りのあとの儚さとが明確な対比のもと報じられます。そんな光景を目にして、複雑な気分になる方は多いことでしょう。

　ここで私たちが理解しておくべきなのは、<u>打ち上げ花火を一年中打ち上げ続けることは非常に難しい</u>という事実です。

　コストの問題も当然にあります。毎晩大きな花火の音が続けば、それは祭りなどではなくただの騒音です。花火に対する人の理解も大きく変わってくることでしょう。

　そして花火を仕事に置き換えてみると、頓挫した取り組みを想い複雑な気分になる方も少なくないと拝察します。

組織開発は「打ち上げ花火」になりやすい

　認知の低さや成果／評価の見えにくさといった壁の存在によって、組織開発は「打ち上げ花火」のリスクを内包しています。

　例えば、部門長の強烈な熱意と推進力で、組織開発の取り組みをスタートした組織があったとしましょう。メンバーの理解も当初は不十分でしたが、CAの努力によって、ワークショップなどの新たな取り組みが少しずつ効果を見せ始めていました。何となくですが、組織がよくなっていると感じるメンバーも増えてきました。

　そうして1年が経過したとき、推進役の部門長が交替しました。後任の部門長は組織開発に対する熱意も理解も低く、さらに言えばメンバーと対話を重ね、共通認識を共に作り上げてきたプロセスを体験していないわけです。それが主な原因となって、プロジェクトは完全に頓挫してしまいました。

　わかりやすさのためにかなり端折って書いていますが、こうしたケースは山のように存在します。一定規模の組織で働く人にとって人事異動は避けられないものであり、スタート時点のメンバーがプロジェクトの終了まで1人も変わることなく、当初と同じ熱量を持ったままゴールにたどり着くことがあるとしたら、それはまさに驚くほどの偶然か奇跡と呼んでよいでしょう。

　熱量の高い人がいなくなるリスクだけではなく、新たに加入したメンバーが周囲の熱量の高さに圧倒され、アウェイ感を抱くという場合も少なくありません。これも継続が難しい理由の1つであり、組織の熱量を低下させる要因となり得ます。

　当初の熱量が大きければ大きいほど、途中で頓挫したときには、温度が急激に低下します。そんな事態を経験したメンバーの心に、同じ熱量が戻ってくる確率は非常に低いと言わざるを得ません。

「組織は変わる」を前提とする

　だからこそ、組織開発に取り組む際には、「組織は変わる」ことを前提に計画を立てなければなりません。半ば忸怩たる想いと共に、正直にお伝えするならば、中長期的なスパンで、常に右肩上がりの状況を生み出す＝成果を出し続けるというのは、組織開発にとって１つの理想ではありますが、現実的ではありません。

　現実路線に立って、焦ることなく着実に成果を出していくには、<u>１年という期限を区切って物事を進める</u>ことが重要になってきます。無論、理想像としてのゴールは中長期的なスパンで定めるものの、「そこに近づくために、まずは１年後にこうなっていたい」という現実的な目標を定めていくわけです。こうすることによって、人財の流動という問題に対処していくことができます。

　２年目の目標については、１年目の結果や人事異動などの結果を踏まえつつ、新たに設定していくことになります。メンバーの認知のレベルやトップの熱量などを勘案しながら、現実路線を追求します。これをゴールにたどり着くまでくり返すことが大切なのです。

　１年でできる一歩の変化と次年度以降の二歩目、三歩目。これを積み重ねることで文化を作り、風土を変えていくわけです。

　活動の頓挫は、メンバーにとっての「負の学習経験」となります。そうなれば、再び組織開発の話を持ち出したときに、「また前と同じ失敗をくり返すのか」「どうせやっても変わらない」といった疑念が生じてしまいます。これを何としても回避したいわけです。

　組織開発にとって<u>**「継続は力なり」**</u>**は真実**です。しかし、その力を得るのは本当に難しいことなのです。この困難が正確に伝われば、本当に

嬉しく思います。

壁7 活動リソースの捻出

活動リソースをいかに捻出するのか

　継続することの難しさに関連して、コストの話を少しだけですが先にさせていただきました。広い意味でのコストという概念には、資金に加えて時間なども含まれます。時間は人に関係し、場所などの確保も問題となります。

　こうしたいわゆる<u>「ヒトモノカネ」の問題</u>を、ここでは一括りに「活動リソース」と表現することにします。組織開発にもこれらのリソースが必要となります。これはあまり意識されることがなく、しかし非常に重要な事実であると私は考えます。

　みなさんもご存じのように、日本の企業を取り巻く環境は非常に厳しさを増しています。どこの職場にも余裕がありません。

「もっと予算がほしい」
「この人手不足を何とか解消してほしい」
「設備を更新しなければ競争に勝てない」

　こうした声はどこの組織でも聞かれるでしょうし、有効な対策を打てずにいる場合も少なくないでしょう。
　組織開発もまた、厳しい状況に晒されています。重要性を十分に理解

したトップが何とかリソースを捻出しています。黙っていても予算がつくなどといったことは絶対にありません。そもそも花火を打ち上げることさえ簡単ではない現実が存在するわけです。

トップのコミットメントがなければ成功しない

4番目の壁とも通じるところが多いのですが、忌憚なく言えば、トップの覚悟によって活動リソースの範囲が決まります。トップの覚悟はコミットメントの深さに比例しており、**いかにしてトップに主体的に参画してもらうかが重要**になってきます。

お金の話も当然のことながら、人を集めるといった点でもトップの覚悟が重要になってきます。メンバーの誰もが忙しくしているなか、ワークショップの日程やメンバーが決まらない、といったケースも少なくないのですが、「それでも、全員参加でやろう！」とトップが明確に意志を示せば、心を動かされるメンバーが必ず出てきます。十分な成果を出すことができた職場では必ず、トップが取り組みに参画しています。誰よりも忙しい役員でさえ、何とか時間を作って、多くのイベントに参加したケースもありました。

裏を返せば、**トップのコミットメントが得られないのであれば、組織開発の取り組みは成功しません。**撤退が望ましいと言えます。覚悟がなければ「とりあえずやってみて」といった曖昧な指示しか現場第一線には下りてきません。その程度の想いでスタートすると、すぐに活動リソースの不足という事態が顕在化します。そうなれば活動は頓挫し、メンバーは失望し、急激な温度低下へと至ります。

正直、CAにとっては難しい課題かもしれません。

それでも、トップを巻き込むことができなければ、無理に活動をスタートしても組織に深いダメージを与えるおそれがありますので、深追い

はしないという気持ちを持っておくことが大切です。

大切なのは「本気度」を示すこと

　どれだけきれいごとを並べても、組織とはヒエラルキーであり、1つの秩序のもとに成り立っています。一部に例外はあるとしても、ほとんどのメンバーがトップの動向を注視し、それによって自らの行動を決めています。

　トップが組織開発に本気で取り組んでいれば、心を動かされて、自分も本気で取り組もうというメンバーが出てきます。あるいは、評価されることを目的に参画する人も増えてきます。いずれにせよ真摯に貢献してくれるのであれば大きな問題はありません。評価を目的としていても、そのためには組織開発に本気で取り組む必要があることを理解してくれれば問題はないということです。

　他方、**トップに本気度がないと感じた瞬間に、多くのメンバーの心が組織開発からは離れていきます**。最初は一生懸命取り組もうと思っていたメンバーでさえ、次第に熱量を失っていきます。私はこうしたケースにも多く触れてきました。

　人間とは実に正直な生き物です。だからこそ、トップが本気度をしっかりと示すことが重要なのです。会社は今、本気で組織開発に取り組んでいる。言葉だけではなく行動で、文字どおり全身全霊で、取り組みへの本気度を示していくのです。

　それはCAについても同じです。自分が本気で旗を振らなければ誰も本気であとを追いません。もしかしたらCA自身の本気度が、トップを大きく動かすこともあるかもしれません。

壁8 文化を変える難しさ

変えることに伴う2つの難しさ

　これは組織に限らず個人にも言えることですが、長い時間の中で培ってきた価値観や文化、行動の習慣などを変えることには一定の抵抗感が伴います。ごく稀に「常に変化していたい！」という人にも出会いますが、「常に変化する」という行動習慣を変えることには、おそらく大きな拒否反応を示すことでしょう。

　変化には大きなストレスがかかります。新しいことを覚えるのに時間がかかるのはストレスのせいです。**慣れ親しんだ時間の長さに比例して、変える際のストレスは大きくなります。**年齢を重ねる度に物覚えが悪くなるのはこうしたメカニズムが働くからだと私自身は経験的に理解しています。

　したがって、変化＝組織の改善を目指すCAにとっては、**変化に伴うストレスをいかに減らすかが重要な課題**となります。抵抗感に上手く働きかけることができなければ、何とかスタートした活動も最終的には頓挫してしまう可能性が大です。

　他方、これは特に日本人に多い特徴だと考えていますが、本来は必要のないことまで変えてしまうといった場合があります。

　例えば、日々の業務におけるPDCAの重要性などは、みなさんもよくよくご理解されていることと思いますが、「何かを変えなければ改善したことにはならない」という強迫観念のようなものがあり、意味のない変更を加えてしまうわけです。

　言うまでもなくこれは、改善ではなく改悪です。本質的な課題を理解

しないまま実施してしまう、形式的なPDCAです。組織開発の課題と向き合うCAは、この罠とも向き合わなければなりません。変えること自体が目的となる。手段と目的との取り違え、といった事態に陥らないことを常に意識する必要があります。

この組織がこれまで大切にしてきたこと、大事にしてきたことは何なのか。**変えることと同様に変わるべきではないことについても話し合い**、不易と流行を整理することが大切なのです。

ギャップアプローチの背景にあるもの

第1章の最後に、ポジティブアプローチという組織開発の手法を紹介しました。「〇〇できていないのはなぜか」というネガティブなワードの代わりに、「〇〇できるためにはどうすればよいか」というポジティブな観点で議論を重ねていく、組織開発における標準的な対話の手法のことです。

しかし、これも前述のとおり、私たちの日常はネガティブな言葉に満ちています。問題解決思考が髪の毛や指先にまで行き渡っており、常にギャップアプローチで問題解決に臨みます。このような思考やアプローチはまさに組織や個人にとっての「文化」そのものであり、だからこそ、変えることには大きなストレスが伴います。

この点に関してさらに重要なのが、ギャップアプローチだけでは目の前の火は消せても、中長期的な理想を思い描き、そんな最高の目的地に到達したいという気持ちが生まれ、実際に到達するまでの計画を立てる、といった発想には至りません。厳しく表現すれば、マイナスは消えるかもしれないが、大きなプラスは生まれません。楽しくない要素をなくすことと、楽しい要素を見つけることとは、基本的には別の出来事だという言い方もできるかもしれません。

「経験のなさ」をいかに乗り越えるか

　ギャップアプローチをポジティブアプローチへと変えていくには意識の問題が重要です。重力には決して抗えないように、染みついた文化や習慣の壁を克服するには、「今、私は重力の影響を受けている」という認識を持つことから始めなければなりません。**現実を正確に言語化し、自身の外部へと押し出して観察する**こと。この心構えがCAには強く求められているわけです。

　ただ、意識を変えるだけですべてが上手く行くかと言えば、現実はそこまで簡単ではないのも事実です。切り替えたスイッチがそのままの状態で定着するためには、経験というもう1つの要素が必要になってきます。

　以前、ファシリテーション研修という、よい会議の進め方を学ぶ研修の社内講師を務めていたときのエピソードです。

　私はファシリテーションの重要性や会議の進め方のコツなどを、できるだけわかりやすく、丁寧に、熱量を込めてお伝えしました。「よい会議」がどういうものであるかを理解していただくために、自分が持っている知見を惜しみなく提供しました。自分としては、それなりに満足のいく研修運営ができていました。

　しかし、ある一人の受講生の発言で、私のささやかな自己満足は見事に打ち砕かれます。

「これまでよいファシリテーションや会議を見たことがないので、説明されてもよくわからない」

　実は、この発言の主は私の妻であるというオチがあるのですが、それを抜きにしても、考えさせられるところの多い感想でした。

「やってみせる」ことの重要性

　山本五十六の言葉にもあるように、ただ言って聞かせるだけでは十分ではなく、**自ら「やってみせる」ことが重要**なのです。

　私はそれ以来、多くの研修や組織開発の取り組みの中で、時には映像資料なども活用しながら、また、時には私自身も演じながら、よいファシリテーションや会議とは実際どのようなものであるかを体感してもらう工夫を重ねました。

　言葉だけですべてを説明し切ることはできません。視覚以外にも多くの感覚器官を用いて体感することが重要です。これらのことが受講者にとっての経験になっていきます。

　もちろん、私自身も常に新たな経験を重ね、多くの気づきを得ています。知識と経験という両輪の重要性を、今では深く理解しています。

　経験に関して1つだけ補足します。

　組織開発においては、**実際に何かを変えてみる経験が不可欠**です。研修は1つの気づきの場に過ぎず、日々の業務の場面や職場の中で、まずは小さなことから、実際に変えてみることが重要です。

　その際には、必ずポジティブアプローチを採用してください。

　みなさんがこれまで取り組んできたギャップアプローチではなく、ポジティブに考え、行動し、変化を実現することを心がけましょう。意識して継続することで、ポジティブアプローチも習慣になります。必要な場面に応じてギャップアプローチとの切り替えができれば、CAとしてはもちろん、仕事のスキルも向上します。この点もぜひ、心に留めておいていただきたいと思います。

壁 9 サーベイの扱い方と開示の要否

サーベイは扱い方が重要である

　成果や評価の見えにくさのところで少しだけお伝えしたように、組織開発においてはサーベイ（職場力調査）が非常に重要です。スタートの時点で取り組み具体的な内容がすべて決まっている必要はありませんし、無理に決めようとすることはかえって危険なのですが、それでも、メンバーが現状をどのように評価しているのかを把握することは、アプローチの起点を定めるために必要不可欠なものと言えます。

　しかし、すべてのデータには「読み方」があります。読み方とは主観のことを指します。データは常に客観的であると、多くの人が思い込んでいるフシがありますが、例えば「40％」というデータを多いと思うか少ないと判断するかは、それを読む人や状況によって異なる場合が少なくありません。またデータの絶対値でなく、変化を見ることも大切です。職場によってはマネジメントが明確な意図を持ってやっている場合もあります。

　だからこそ、<u>データは万能ではないと言えます。</u>
　例えば、データ上はメンバーのモチベーションも低く、不満度は非常に高い職場があったとします。数値だけを見れば、問題の多い職場と判断せざるを得ません。しかし、ヒアリングのために職場を訪問するとメンバーの多くが組織の現状を理解していて、しかも、今は新たな商品開発の時期でどうしてもギスギスしてしまうという、一時的な現象であることもわかっていました。言い換えれば、問題解決への道程は非常にクリアであり、ただ時期を待てばよい＝特に何かを変える必要はないこと

が確認できたわけです。

開示の要否は状況によって決まる

　数字は結果ではなく１つの「傾向」に過ぎません。上司の威力が非常に強い職場では忖度が働いているかもしれませんし、研修での講師に対するアンケート結果も、自分に対するものなのか、研修を企画した人事部に向けられたものなのか、判別は非常に困難です。詰まるところ私たちが**相手にしているのは人であって、データでは決してない**ということです。ここに組織開発の難しさや奥深さ、喜びがあると私は考えています。

　この点に関して重要なのは、**決して犯人を作らないこと**です。

　職場に大きな根深い問題があるとデータが示していたとしても、その原因者を特定し、裁いては絶対にいけないということです。

　犯人探しがいけない最大の理由は、それをやってしまうと一切のデータを開示できなくなるからです。

　せっかく模擬試験を受けても自分の順位や偏差値などが確認できなければ意味がないのと同じで、全社平均と比較して、自分たちの職場が「傾向としては」どのような位置にあるのかを把握できなければ、組織開発に対するエネルギーが湧いてきません。私が所属していた組織でも、データを積極的に開示するようになってから職場の理解や取り組み姿勢にポジティブな変化が生じました。

　したがってデータの開示は基本的に必要なのですが、犯人探しが横行するリスクが高い場合には「開示不可」という判断になります。何が最善策なのかを個別に判断し、要否を決めていくわけです。

壁 10 組織の規模

トップとの距離の近さで難しさが変わる

　これはコントロールが利かない問題ですが、それを承知の上で、最後に簡単に触れさせていただきます。端的に言うならば、規模の大小によって、組織開発の取り組みやすさが違うということです。

　例えば、中小企業はトップと社員との距離が近く、理解や決断、コミットメントが得られやすいという声が多く聞かれます。他方、企業規模が1000人を超えてくると、トップと現場第一線の距離が著しく広がるという話をよく耳にします。つまり、問題を抱えた職場の声や組織開発の意義、必要性などが届きにくくなり、経営側の積極的なコミットメントを期待することは難しくなってしまいます。

　私も大きな組織に所属していましたが、担当役員まではあっても社長と話をする機会などほとんどありません。社長にはそのような時間などありませんし、それは仕方のないことです。

　CAの立場から眺めてみると、そこに大きなジレンマを感じてしまうことも事実です。「ウチの会社は大きすぎる。だから全員に必要な情報や想いが伝わるまでには時間がかかり、なかなか物事が前に進まない」。私自身もそんな悩みを抱いたことが少なからずあります。

　<u>小さな成功体験を積み重ね、サクセスモデルを構築する</u>ことで、トップにも認知してもらえる。それは基本的には事実であり、私も取り組んできました。しかし、今はそれ以上に大切なことがあると理解するようになりました。

大切なのは規模よりも「風通し」

　その大切なこととは、本書のタイトルとも深く結びついている、組織の「風通し」のよさです。
「はじめに」でも少し触れたように、組織に所属するメンバー一人ひとりが1本の木であり、多くの木が集まって森を形成します。森の中をスムーズに風が流れれば、物事は上手く解決していきます。風の流れには森の大きさも影響しており、そのサイズがものすごく大きなものになれば、流れを予測したり、コントロールしたりすることは難しくなるでしょう。

　しかし、幸いなことに、大きな組織では森が区切られています。本部、部門、部、課、グループ、チーム、班、呼び方は別としても、常に巨大な森全体を相手にするわけではありません。

　だからこそ、私たちは風通しについて考えることができます。
　たくさんの議論を重ね、風の流れをスムーズにする方法について多くのアイディアを出しながら、現状を変えていくことができます。組織開発とはそのアプローチの一部をなすものであり、改革の道の途上では、逆風の中に立つ場面も出てくることでしょう。
　しかし、よくない兆候は必ず誰かに伝える。そんな<u>小さなことをくり返すだけでも、状況は必ずよくなっていきます。</u>誰もが安心して発言できる森には自らを再生させる力が宿るのです。

　組織の大きさが壁のように映ることがあっても、決して諦めずに、組織開発の取り組みを続けていきましょう。古い話にはなりますが、ベルリンの壁も崩壊したのです。そんな未来への希望を記しながら、ネガティブな壁の話を結ぶことにします。

第3章

組織開発の心得とポジティブな手法

本章でお伝えしたいことは以下のとおりです。

1　組織開発の心得
2　組織開発に必要な5つの要素
3　推奨プログラムを行うために必要なこと
4　推奨プログラムの原理である3つのSTEP
5　推奨プログラムの実行
6　ファシリテーターの心得

さて、ここからいよいよ本筋に入っていきます。
組織開発に携わるCAが身につけておくべき心得や、組織開発の根幹をなすとも言うべき5つの要素、そして、推奨プログラム。

具体的なアプローチの方法は一様ではないため、たった1つの正解をお示しするものではありませんが、すべての取り組みの本質は常に共通であるべきです。そんな本質についてご理解いただければ幸いです。

組織開発の心得

組織開発に臨むCAのための8つの心得

　本章では、第1章で概要を確認した組織開発の取り組みについて、大きく3つの観点から詳細に見ていくことにします。

　1つ目の観点は組織開発の心得で、すでにお伝えしてきた内容とも重なる部分が多いかもしれませんが、さらに学びを深めるつもりで読み進めていただけると嬉しいです。具体的には、以下の8点を挙げていきます。

●組織開発に臨むCAのための8つの心得

　心得① 人としての対話を大切にする

　心得② 「五感」の機会を意図的に作る

　心得③ 問題解決思考の呪縛から自由になる

　心得④ ポジティブレンズを身につける

　心得⑤ ドリームを持つ

　心得⑥ トップの関与を引き出す

　心得⑦ 言葉への感度を高める

　心得⑧ 「させる」ではなく「促す」

心得① 人としての対話を大切にする

　組織開発という難題と向き合ううえで欠かせないものがあります。それが人としての対話です。あえて「人として」と付け加えたのにはもちろん理由があります。

職場の指揮命令系統や取引先との関係性を前提とした会話には、半ば必然的にある種の制約が伴います。もちろん、すべての制約から完全に自由になることなどないわけですが、例えば、経営と現場、プロフィットセンターとコストセンターといった関係性は、一方の立場の優越性を前提としている場合がほとんどです。

　このような優越性は、対等な関係での対話を大きく阻害します。組織はこの阻害要因に満ちあふれており、組織開発が上手くいかない原因ともなっています。だからこそ、一方の**優越性には囚われない、フラットな関係性における対話**、言い換えれば、**人としての対話が必要とされている**わけです。にもかかわらず、その絶対量は明らかに不足しています。これは大きな問題と言わざるを得ません。

　人としての対話の絶対量が不足している原因はいくつかあります。その1つに数えられるのがテクノロジーの進展です。

　電話かメール、SNSやチャットといった変化だけに着目しても、私たちが日々のコミュニケーションにかけるコストは減っています。物理的な時間や精神的なストレスなど広い意味でのコストの総量は、対面でのコミュニケーションとチャットでの1行の返信を比べれば雲泥の差であることが一目瞭然です。私たちはこのような変化を、「便利になった」と評価しています。

　しかし、便利になったことで本質が見失われつつあります。

　私たち人間は機械ではありません。PCやスマホの画面に浮かぶ文字だけを眺めて何かを判断するわけではありません。結果として1行の返信がチャットであったとしても、そこに至るまでの背景や仕事の目的、相手の感情などに思いを馳せ、それらすべてを考慮し1つの結論を導き出します。**言葉にならない部分を大切にすること**。それは重要な本質の1つであると言って差し支えないでしょう。

あるいは、人間には言語を用いたコミュニケーションだけでなく**非言語的なコミュニケーションも必要**なのだと言えます。ゴリラを深く研究されている京都大学の山極壽一名誉教授によれば、霊長類の中でも食べ物を分配するという行為は珍しく、ゴリラ同士にとっては「平和宣言」をしていることになるとのことです。そして「同じ釜の飯を食う」ことは人間にとっていちばん原始的で大切なコミュニケーションであるそうです。こうした事実が少しずつ忘れ去られているように思うのです。

心得②「五感」の機会を意図的に作る

　非言語的なコミュニケーションを行うとき、私たちは常に五感を駆使しています。文字だけのコミュニケーションよりも電話のほうが伝わりやすいのは声が加わるからです。対面の場合には声に加えて相手の姿や空気のようなものも把握することができます。つまり、非言語的な要素を増やすことによって相互理解が促進するわけです。最近ではタバコ部屋での雑談など諸悪の根源のように言われますが、そこでは常に五感を駆使したコミュニケーションが行われています。そこにタバコは必要かどうかという議論はさておき、汲むべき点は決して少なくないと言うべきでしょう。

　だからこそ、組織開発では五感を用いる機会を非常に重視します。そのような機会を意図的に用意し、参加者全員に人としての対話の実践を求めます。最初は雑談のような話でまったく問題ありません。タバコほどではないにしても、「生産性」に対する意識の高まりから雑談＝ムダと理解する向きが強くなってきています。雑談には実に多くの効用があるわけですが、旗色は悪いと言わざるを得ません。こうした<u>「ムダ」についての認識を改めていく</u>ことも、組織開発の課題の１つと言って差し支えありません。

心得③ 問題解決思考の呪縛から自由になる

　生産性や成果を重視する問題解決思考は私たちの心の隅々にまで深く浸透しています。問題解決思考の重要性については論をまちませんが、それだけでは十分ではない。しかし、問題解決思考の浸透度合いは今や脊髄反射のレベルに達しているため、自覚的に対処することが難しくなっています。だからこそ、問題解決思考「だけ」を重視する呪縛を自覚し、自由になる必要があるのです。

　例えば、雑談の効用について考え直す機会を用意したとします。それは言わば、「ムダ」が有する意義を見直すための貴重な場です。しかし、問題解決思考にどっぷり浸かっている私たちは、こうした議論の機会を「効率的に、生産性高く」終わらせようとします。
　雑談をするとどんなよいことがあるのか、どのように雑談の場を創るのがよいか、といったことを自由に語り合うスタイルが本来は望ましいところ、「なぜ雑談はムダだという意識が生まれるのか？」「どうしたら雑談をムダだと考えないようになるのか？」といった問題解決思考オンリーで議論を進めてしまうかもしれません。

　言うまでもなく、こうしたスタイルの議論だけで組織の望ましいかたちが実現することはありません。
　すべてをマネジメントの責任にするつもりは毛頭ありませんが、経験的にはマネジメント側からの呪縛＝「問題解決思考を駆使して効果的・効率的に解決せよ」という有形無形のプレッシャーのほうが圧倒的に強く、だからこそ解決を困難にしているとも言えます。
　くり返し申し上げますが、これは自らの力で意識するのが非常に難しい問題です。つまり、今この件を読んだからといって、明日からすぐに実践できるというケースは非常に稀だということです。
　だからこそ、**問題解決思考オンリーという偏りを意識化し、意図的に**

<u>抜け出す努力が必要</u>なのです。

心得④ ポジティブレンズを身につける

　問題解決思考によるギャップアプローチの対極に位置するのが、組織開発が大切にしているポジティブアプローチです。その実践には大きく2つの要素が必要とされます。

　その1つ目がポジティブレンズを身につけることです。もう少しわかりやすく言うと、相手や物事の「よいところ」だけに目を向け状況を常に肯定的に捉える視点を持つことが重要です。

　例えば、テストで70点を取ったとします。ギャップアプローチは「取れなかった30点」にフォーカスし、次回のテストで100点を取るために必要な方法について考えます。他方、ポジティブレンズを身につけている人は、「70点も取れた」事実をはじめに評価します。70点といえば大体が合格点です。それは間違いなく、評価に値する出来事です。

　はじめに「70点」を評価することで、経験の意味が変わります。端的に言うと、今回のテストが「楽しかった経験」になるわけです。そうなると、「71点、72点とさらに上を目指していこう」などと、楽しみながら努力していくことができるようになります。

　組織開発にとって重要なのがこの楽しさにほかなりません。

　少しずつではあっても、<u>よい方向に向かっている実感がなければ、人は努力し続けることができません。</u>苦労を克服するといった点も必要にはなってきますが、そのための土台として楽しさがなければ継続性を担保することが難しくなります。そして組織開発にとって何よりも重要なのが継続である点はすでに見てきたとおりです。

心得⑤ ドリームを持つ

　もう1つの大切な要素とは夢＝ドリームを持つことです。先程のテス

トの例に即して言うならば、「いつか100点を取りたい」という理想を描くことがとても重要になってきます。

現実的に言うと、どんなテストであれ1つもミスを犯すことなく満点を取るというのは容易なことではありません。言葉にするのは簡単ですが、現実はそう簡単には追いついてきてくれません。

それでも、「ありたい姿」「なりたい自分」をイメージすることが個人の成長＝人財開発にとって重要であるのと同じく、組織開発の場合においても、**組織の「ありたい姿」を抽出し、共有することが必要不可欠なアプローチの1つになってきます。**

正直に申し上げておくと、ドリームの話を現場第一線ですると、かなりの確率で嫌がられます。「絵に描いた餅」に過ぎないだろうと理解する人が多く、抽出が困難な場合が非常に多いのが実情です。これもまた、問題解決思考の負の効果であると言えます。

改めて誤解なきように申し上げておくと、ギャップアプローチが業務に必要ない、などといったことはまったくありません。むしろ成果を出すためには必要なアプローチです。

しかし、それ「だけ」では組織が疲弊するということを、ここで再認識いただきたいと思っています。問題解決思考を人間関係にも持ち込んだ結果、組織の中のコミュニケーションが枯渇することをご理解いただきたいと願っています。

ポジティブアプローチとはベースとなるマインドの部分であり、その上にスキルとしてのギャップアプローチが載っていると言うとわかりやすいかもしれません。そのうえで、人間としての対話にはなるべく、問題解決思考を持ち込まないことです。

問題解決手法には「探す」問題、「創る」問題が存在し、それらが本来「ありたい姿」を示しているはずなのですが、実際の場面では「現実

論」のみが残り、夢は霞と同義語となり、最後はムダとして切り捨てられている。こうした現実までを十分に理解することが、組織開発の実践にとっては非常に重要な位置を占めているのです。その点をぜひともご理解いただければ幸いです。

　組織をよくする活動は、メンバーにとって本来楽しいことであり、楽しむべき機会のはずです。しかし、それが「組織をよくしなければならない」に転化してしまうと、一瞬のうちに仕事モードとなり楽しさも薄れてしまいます。

　いささか不謹慎な物言いにはなりますが、喉が渇いているときは水が最高の飲み物のように思えます。いったん喉が潤ってしまうと、水のありがたみを忘れ、ビールがないことを不満に思いはじめます。問題解決思考は水の入ったタンクを満杯に満たすかもしれません。しかし、それをビールに変えることはできません。**水からビールを生み出す**ためには組織開発の取り組みが必要なのです。

心得⑥ トップの関与を引き出す

　ここでトップとは組織開発の対象となる組織のトップを言います。組織開発に臨むに当たっては、マネジメントの壁の存在を意識し、トップからいかに良質な関与を引き出すかを考える必要があります。組織開発には心理的安全性の確保が重要になってきますが、まずはトップが組織開発に取り組む重要性を自らの言葉で説明し、自身も積極的に関与する姿勢を表明することで、心理的安全性のレベルは格段に高まります。私がCAとして参画する際には**必ずトップから最初にメッセージをもらう**ことにしています。

　ただ、それは決して簡単なことではありません。結果が見えにくい組織開発の効果を正確に理解してもらうのは、どれだけ理解の早いトップにとっても容易なことではないからです。

　「よい組織とはどういう組織を言うのか？」

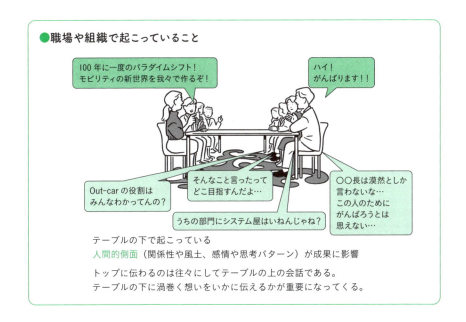

「なぜ組織は負のスパイラルへと陥ってしまうのか？」
「現場からの報告で問題なしとなっているのはなぜか？」
　これらの疑問に対してポジティブかつ明確な答えを示せなければポジティブな関与を引き出すことはできません。
　だからこそ、私たち自身が常にポジティブアプローチを心がける必要があるわけです。
　職場や組織での会話をイラストにしました。上図の例では、たしかに、表向きは上手く回っているようにも見えます。ですが、テーブルの下の目に見えない領域には、ネガティブな空気がかなり充満しています。大きな爆発を起こす前に手当てが必要です。

　心得⑤の最後にも記載しましたが、組織開発とは水をビールへと変える錬金術のようなものです。ポジティブアプローチを徹底することによって心に余裕が生まれ、ビールの美味を堪能することができます（下戸

の方、すみません）。こうした点をぜひ、トップの方にご理解いただきたいのです。

心得⑦ 言葉への感度を高める

　トップに対するアプローチには言葉の工夫が必要です。言葉とは神にも凶器にもなり得る存在であり、<u>組織開発の試みの成功には、さまざまな意味で「言葉を変えていく」ことが必要</u>になってきます。まさに日常の会話が組織をつくり上げているからです。だからこそ組織に所属する全員が当事者だと言えるのです。言葉が変われば文化が変わります。よいところを語る習慣が身につけば、組織の心理的安全性が高まります。言葉への感度を高めることは、組織開発の根幹をなすと言っても過言ではありません。

　効率よく真因を深掘りするギャップアプローチの言葉と、自らのありたい姿を追求するポジティブアプローチでは、活用する言葉がまったく異なることもご理解いただけるものと思います。

　多忙で関係性の薄い職場において頻繁に語られる言葉の1つに、「言ったもん負け」があります。何かを提言するとダメ出しが返ってくる。他者からは仕事が増えることで無言の重圧がかかり、果ては取り組みの担当にさせられたり、端的に言うならば、「面倒くさい」状況に陥っているリスクが高いというわけです。

　組織開発が目指すべきは明らかに、「言わないと損」の文化です。 これも口で言うほど簡単なことではありません。変化を促すには、日常の本当に小さな言葉から変えていく必要があります。

　例えば、仕事でハードな局面を迎えてしまったメンバーに対して「一緒にやろうよ！」「一人じゃないから安心して！」などといった言葉が口をついて出てくるかどうか。

　みなさんが辛く苦しいときに上記のような言葉をかけられたら、どん

な風に感じるでしょうか？　勇気が湧いてはきませんか？

　たしかに、「言葉を変える」という表現は、何かとてつもなく高いハードルを課されたような印象を与えます。しかし、見た目だけが美しい言葉には何の価値もありません。仲間として助け合う姿勢、そんな大切な本質が込められた言葉であれば、多少のぎこちなさもまったく気にはなりません。この点は非常に重要ですので、ここで十分に腹に落としていただけるとありがたいです。

　言葉を変えていくためには、何より組織開発に携わる私たちが、言葉に対する感度を高め、言葉遣いを改めていく必要があります。「言わないと損」文化の構築というドリームを掲げて、この課題を一緒に克服していきましょう。活動を実施した結果や、日常の言葉が変わったか、といった点も大事な評価ポイントになります。

心得⑧「させる」ではなく「促す」

　人がもっともポジティブな気持ちで行動するのはどんなときだと思いますか？　人によって考え方は異なるでしょうが、少なくとも私自身は、「自ら決めたことを実行に移すとき」だと思っています。つまり、**ポジティブアプローチには「自分で決める」という大きな前提がある**ということです。

　ここから、組織開発においては、「させる」のではなくメンバーが自らの意志で行動できるように「促す」ことが重要になってきます。後述するように、組織開発は感情や意識の問題ではなく、たしかな理論に裏打ちされています。したがって、取り組みを進める際には、いかにして理論を実践へと落とし込むかが重要になってきます。

　しかしながら、CAには評論家や研究者のタイプが非常に多いと感じています。無論、それを業としている人は何も問題ありません。

　組織開発は現場で実践してこそ価値があるのです。実務家が必要とさ

れることは言うまでもありません。見方を厳しくすれば、ここにギャップがあるという事実そのものが、組織開発の現状を、何よりも雄弁に物語っているのかもしれません。

　私自身は実務家でありながらアマチュア評論家／研究者を気取る知識人にまったく魅力を感じません。理論を頼りに考えたとおりには進まない現実をどのように変えていくのか。現実という最大の壁を、自らの知見やスキルを活用して改善し、いかに克服していくのか。そこにこそCAの醍醐味があると考えています。問われているのはCAとしての私たちの人生そのものであり、だからこそ、時として変化のための風穴を開けることができるのだと自負しています。

　促すために必要なことは大きく2つあります。
　1つには、複雑に絡み合った関係性の網の目を解きほぐしていくスキル。組織ではたくさんの思惑が交錯し、本人たちでさえ本当の課題が何なのかが見えなくなっています。当事者にも見えていないつながりを見出し、課題と真因とを共に示していくことを。これはカウンセリングに近いスキルと言ってよいでしょう。
　活動を進めながら**メンバーに促すのは、「日常で聞こえていない声に耳を傾け、見えないモノに目を向ける」**ことです。メンバーの感度が上がると組織に変化が起き始めます。
　そしてもう1つは、自らが現実を楽しむこと。詳しくは述べてきたとおりですのでくり返しませんが、コーチングのスキルと重なる部分が多いと考えています。これら2つのスキルを駆使することで組織の状態は必ず改善に向かいます。修行僧の如きCAの話に喜んで耳を傾ける人はいません。**まずは私たちが楽しみ、その楽しさを伝播していくこと。**私たちCAにとっては、もっとも大切な心得と言ってもよいでしょう。
　本来、よい組織にすることは誰もが願うことであり、楽しいことなのです。それを「よい組織であらねばならない」と義務のように取り組

と業務モードに突入してしまい、楽しくない仕事が増えてしまうことになります。楽しくない仕事は減らすに限る。この点も非常に重要であると私は考えています。

2 組織開発に必要な5つの要素

組織開発の目的である組織の持続的な成長を実現するためには、以下の5つの要素が必要不可欠です。

どれか1つが欠けてしまえば、組織開発の取り組みは不発に終わります。すべての要素が揃い、それぞれの役割を果たしてこそ、組織開発は実を結びます。以下に詳しく見ていきましょう。

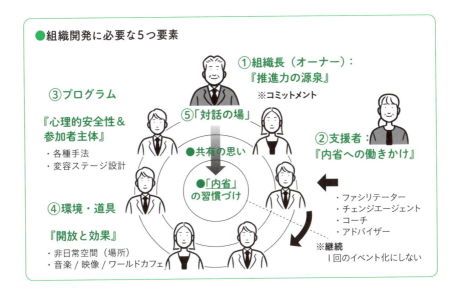

要素①　組織長（オーナー）：推進力の源泉

　要素の１番目に挙げるべきは組織長です。組織開発ではオーナーとも言います。

　何度もくり返し述べてきたように、組織開発にはトップのポジティブな関与が欠かせません。その役割を「推進力の源泉」と記載しているように、組織長自らが積極的に取り組めば、メンバーの中にも追随する気持ちが芽生えます。これまでの経験を思い起こしても、トップの熱量に比例するかたちで組織改革への機運や期待感が高まっていったケースがほとんどです。

　組織長のリーダーシップとビジョンは、ほかのメンバーを引き付け、組織全体を一致団結させる鍵となります。
　まさに組織の舵取り役として推進力を発揮し、メンバーに対する強いコミットメントを示すことが求められているわけです。

　とはいえ、組織長のコミットメントの重要性について、くり返し角度を変えながらお伝えする必要があるということは、その分だけポジティブな関与を得るのが難しい実態があるとご理解ください。これもすでに記載したとおり、何もかもがトップの責任なのではなく、組織に所属するメンバー全員が何らかのかたちで、組織の現状に対して責任を負っています。言い換えれば、解決すべき課題を生んだのは、組織の全員であるということです。この点を忘れて組織長の責任に言及するのは、明らかにフェアな姿勢ではありません。

　その点を踏まえたうえでなお、組織長の影響力については改めて言及しておく必要があります。温度があまりに低ければ組織開発の取り組みはスタートすることができないか、スタート直後に機能のほとんどが停止します。逆に温度があまりに高すぎれば、組織開発はたちまち「やら

され仕事」のレッテルを貼られてしまいます。

　バランスを取るという点でも組織長の関与には困難が伴います。これも理解しておくべき点の1つと言えるでしょう。

要素② 支援者：内省への働きかけ

　組織長の関与のレベルを調節するうえでも、2番目の要素である支援者の存在が重要になってきます。
　支援者とは、対象組織のライン外部から参画する利害関係のない第三者です。ファシリテーターやコーチ、またはアドバイザーとして、組織長に対して建設的なフィードバックを提供します。
　取り組みへの温度が低い場合には、組織長やメンバーの心に火を点すべく、さまざまなかたちで働きかけを行います。逆の場合には、冷静沈着にブレーキを利かせます。

　利害関係がないからこそ、支援者は組織長やメンバーに対しても率直に意見を述べることができます。支援者の役割は、組織全体に広い意味での内省を促進し、改善の機会を提供する点にあります。
「今の組織がどうなっていたら理想的だと思うか？」
「その理想像へと近づくために、自分には何ができるか？」
　そのような問いかけをくり返すことによって常に内省を働きかけ、組織としての行動の質を高めていくわけです。

　支援者に必要なものが2つあります。
　1つは冷静さであり、常に外部の目を持って組織全体を俯瞰し、客観的かつ最適なフィードバックをくり返します。支援者の温度が低すぎても高すぎても、質の高い内省にはつながりません。
　もう1つは何度も見てきたポジティブアプローチです。詳しくはくり

返しませんが、支援者自身が「やらされ仕事」に加担するのはおよそ想像し得るかぎりで最悪のパターンと言えます。

要素③ プログラム：心理的安全性と参加主体

　組織開発には基本の型があります。「守破離」に当てはめるならば「守」に当たる部分が存在するということです。ベースにあるのはポジティブアプローチで、この手法を適用しプログラム化したものを基本の型としての「推奨プログラム」と呼んでいます。

　組織開発とは人間の営みです。人が行う以上、そこには必然的に個人差が生じてしまいます。支援者がいくら冷静さを保っていても、人が異なれば解釈や言葉選びに違いが生まれますし、同じ人間でもそのときの

> ※心理的安全性について
>
> 　心理的安全性とは、自分の言動が他者に与える影響を必要以上に意識することなく、感じたままの想いを素直に伝えることのできる環境や雰囲気の度合いのことです。Google社が2012年から4年の歳月をかけて、成功するチームに必要な要素を調査・分析した結果、「心理的安全性」が最も重要であると発表したことから、近年特に注目されるようになった心理学的用語です。
>
> 　具体的には、以下の4つの不安をなくすことが重要です。
>
> ① **無知だと思われる不安**：「こんなことも知らないのか？」
> ② **無能だと思われる不安**：「こんなこともできないのか？」
> ③ **邪魔をしていると思われる不安**：「ちょっとあとにしてくれる？」
> ④ **ネガティブだと思われる不安**：「どうしてそんなに批判的なの？」
>
> 　心理的安全性を確保することで、離職の防止や生産性の向上等のメリットがもたらされます。

状況によって判断が異なる場合があります。これを完全になくすことは不可能だと言って差し支えありません。

だからこそ基本の型が必要になるわけです。
推奨プログラムは心理的安全性を確保し、参加者全員が主体的に関与することを目的としています。参加者が不安を覚えることなく意見を述べ、積極的に参加できる環境をつくることこそが、基本の型に与えられた最大の役割です。

要素④　環境・道具：開放と効果

ここまでお伝えしてきた内容等からもご理解いただけるように、組織開発には環境づくりや仕掛け＝道具が重要です。参加者全員が気兼ねなく発言できるよう、リラックスできる環境を用意したり、ネガティブな気持ちをポジティブな方向へ傾けていくための道具を用意します。

具体的には、カフェのような業務環境から離れた**非日常的な空間**、場の**空気に合った音楽や映像**などです。特に音楽には人の気分を変えるパワーがあります。私の場合はプログラムのステップが切り替わるタイミングの休憩時に、そのモードに合った曲を選んで流すようにしています。開放的な雰囲気を作り出すことで、参加者のコミュニケーションを促進することが狙いです。参加者がリラックスすればするほど、創造的な対話の可能性が高まります。

とはいえ、環境や道具はあくまで手段であって、これらを十分に整えたからといって、対話が必ず上手くいくわけではありません。手段と目的とを取り違えないことが肝要です。CAとして組織開発に参画する際には、この点をしっかりと踏まえておく必要があります。過剰な演出は絶対に禁物です。

要素⑤　対話の場：共有の思いから内省の習慣づけへ

　5つ目の要素としてお伝えするのが対話の場です。④の環境との区別を明確にするために、対話そのものを指すと認識いただいてもまったく問題ありません。

　対話の場は、組織メンバーが組織課題や理想像等を共有するとの思いを強くし、内省を習慣づけるための重要な機会です。これまで多くの参加者が、「業務で忙しいため対話の時間を確保できない」と意見を述べていました。私自身も概ね共感できます。

　しかし、大切なのは、それでもあえて時間をかけるかどうかです。組織長、さらには会社のトップマネジメントが、あえて時間をかけて対話をくり返し、組織を必ず改善していくのだという強い覚悟を、メンバーに対して示せるかどうかが問題なのです。支援者＝CAも、この点をぜひ心得ておいてください。

　対話をくり返すことで内省が促進されます。個人としての内省の質はもちろんのこと、組織全体としての質もまた向上します。それが1つの習慣にまで昇華すれば、個人としての成長はもとより組織が大きく成長することになります。それが組織開発にとっての1つのゴールであることは、すでに述べたとおりです。

　さらに習慣は、取り組みの継続を可能にします。

　内省を続けることで、組織は持続的で健全な成長を実現し、長くその状態を維持することができます。組織全体が一丸となり共通の目標に向かって進むための基盤こそが対話の場であり、だからこそ質の高い対話の場を構築することが重要になってくるのです。

3 推奨プログラムを行うために必要なこと

支援の対象となるのは「苦戦職場」

　CAとして向き合っていく対象となるのが次の図表で紹介する苦戦職場です。苦戦職場を対象とする理由として、組織開発の取り組みは万能ではなく、すべての職場に機械的に適用すべきものではないという点を挙げることができます。他方、重度の疲弊職場に適用した際には上手くいく確率が上がるという知見も得られています。

　組織開発とは**メンテナンス、定期修理、健康診断のようなもので、基本は徐々に錆びていくのが組織**だと考えています。

　何らかの理由で錆が酷くなったときには、専門業者の力を借りて取り除きます。組織開発においてその役目を果たすのがCAです。

●全社対応と個別対応の方法

(規模大 → 規模小)
- 全社／全職場
- 平均／前向き職場
- 苦戦職場

優先度	人事部の狙い	ポイント
1	・全社標準の仕組み普及 ＝自組織で「観察・対話・実践」でサイクルを回す	・**短時間で業務負荷軽く** ＝話す・決める・行動する ・**自主開催可能なツール提供** ＝マニュアル、全社データベース
3	・刺激と情報の提供 ＝好事例、教材 ・苦戦立ち直り職場 ＝スポット当てと自負心	・関心を集める工夫 ＝フレッシュと更新
2	・個別支援で自走化 ＝効果的プログラム 　職場CA／ファシリテータの育成	・**4カ月で意識／行動変容** ＝プロセス共有と相互成長

第3章　組織開発の心得とポジティブな手法

苦戦職場を相手にする前段としての「7ルール」

そんな苦戦職場と向き合うことを前提としたとき、知っておいていただきたい7つのルールがあります。

私は**「基本姿勢7ルール」**と呼んでいますが、これらのルールを理解しないまま組織開発の推奨プログラムをスタートしてしまうと、文字どおり大きなやけどを負ってしまうおそれがあります。

●苦戦職場に対する「基本姿勢7ルール」

　　ルール① 数字で決めつけない
　　ルール② パートナーシップ
　　ルール③ 守秘義務
　　ルール④ 想いを伝える
　　ルール⑤ 行動で示す
　　ルール⑥ 活動を決めるのは相手
　　ルール⑦ 伴走から自走化を目指す

ルール① 数字で決めつけない

組織開発にとってデータは重要です。課題の把握や改善の有無を確認する際には定量的な指標を参照します。

個人的な感覚だけでは実態を正確に把握することができません。加えて、取り組みが実を結んだか否かを判断する際にも、データは重要な役割を果たします。

それでも、数字「だけ」で判断することには危険が伴います。

具体的に言うと、**数字がよくない＝悪い職場**とはかぎりませんし、数字が**よいからといって問題のない職場と判断するのは早計**です。「なぜ

この数字になっているのか？」という問いを立て、データの背後に潜む事情やメンバーの意識などに目を向けなければ、職場の真の姿は見えてこないと理解する必要があります。

　面倒に巻き込まれたくないと思っている人は、心の中では組織に大きな問題があるとわかっていても、「特段の問題はありません」と回答するかもしれません。

　このような心の動きなども想定しながら、職場の現状を見極めていく必要があるわけです。

ルール② パートナーシップ

　職場のメンバーと良質なパートナーシップを構築できなければ、組織開発の取り組みは失敗に終わる可能性が大です。私が意図する質の高いパートナーシップとは、先に述べた**「人としての対話」が実践できる関係性**を指します。

　こうした関係性を築き上げるうえで重要なのが「寄り添う」「傾聴」という2つの姿勢です。

　人事部に所属するCAは特に、「組織を評価するために来た人」と受け取られがちです。評価者と被評価者の関係が続いたままでは、人としての対話は機能しません。

　評価者ではなく共に課題を解決するために来た仲間であるという認識が芽生えることによって、推奨プログラムをスタートするための土台が整ったと言えます。

　そのためには、CA自身が寄り添う姿勢を十二分に発揮しなければなりません。

　理解者として、仲間として、「一緒に解決したい」という気持ちを前面に出して、話を聴きます。

　特に**「上司」と呼ばれる人たちとのコミュニケーションが重要**です。上司は常に孤独を抱えています。そんな孤独を受け止め切ることが必要

なのです。

共感の意を示しながら、最後まで話を聴き切ります。対話の80％は傾聴するくらいがベストです。

ルール③ 守秘義務

自分の組織が苦戦している事実やその本質的な原因を、職場外のメンバーに知られて喜ぶ人はいません。言葉だけが独り歩きすると、思わぬところでハレーションが起きることもあります。

「○○さんがやり玉にあがってるらしいよ」

「人事に目をつけられて大変らしいよ」

そんな噂話も含めて、組織開発の取り組みの中で出てきた有益な情報が、その本来の意図や姿とは異なるかたちで外部に漏れてしまうと、組織のメンバーの多くが不快な思いをします。

だからこそCAは、守秘義務を完璧に果たし切る必要があります。職場のメンバーに対してもその旨を宣言し、行動で示していきます。人事部の中だからといって、不用意に情報を開示するのは禁物です。水はどんな穴からも漏れるおそれがあるからです。

情報が漏れるとCAは一切の信頼を失います。くれぐれもご留意ください。

ルール④ 想いを伝える

ルール②で述べたことと重なる部分も多いのですが、CA自身の想いもまた重要です。

「苦戦している職場を何としても救いたい！」

CAが強くそう想っていなければ、推奨プログラムを適用しても、ほとんどの場合、結果にはつながりません。取り組むのはあくまで人です。人は感情の生き物です。他者の感情や息遣いによって自らの感情が揺さぶられるのです。**CA自身が熱い想いを持っていれば心動かされるメン**

バーの数は圧倒的に増加します。

　ぜひとも想いを言葉に乗せて伝えてください。想いは伝えて／伝わってはじめて、本当の意味での想いへと昇華します。だからこそ、人としての対話が重要になってくるわけです。

　また、取り組みの成果が見えてきたときに、それは職場の努力の証なのだという想いを伝えることも大切です。間違ってもご自身の手柄にすることは避けてください。本当に結果が出たのであれば、あえて口にしなくても誰かが必ずCAを評価してくれます。何より、職場のメンバーからの想いを受け取ることができます。蛇足ですが、私自身はそれが最大の結果であり喜びだと感じています。

ルール⑤ 行動で示す

　CAは評価者でななはく共に取り組む仲間だと言いました。

　表現を換えれば、CAもまた積極的に行動する必要があるのだということです。困っていることを聴き、指示をして、口だけ出して、自分は何も動かない。そんなCAはすぐに職場の信頼を失ってしまいます。対話も含めた言動が命だということをぜひとも心に留めておいてください。

　だからといって、自分が主役になるということではありません。CAはあくまで縁の下の力持ちです。その前提で自分にできることを確実に実践していきましょう。

　どんなに小さなことでも大丈夫です。大切なのは行動することだとご理解ください。微力だとしても頼られる存在であること。そんなCAがいれば、職場は本当に助かるはずです。

ルール⑥ 活動を決めるのは相手

　これも同じような話にはなりますが、重要なのでくり返します。CAが主役の組織開発というものはあり得ません。どこまでも自分は黒子に徹して、取り組みを成功へと導くことがCAの役割です。

にもかかわらず、想いが強すぎるせいか、CAが職場のメンバーに対して行動を強いるケースが稀に見受けられます。言うまでもなく「やらされ感」を与えることや無理強いは絶対にNGです。主体はあくまで職場であるという事実を忘れないことが肝要です。

具体的な行動としては、選択肢や可能性を示すこと。そのうえで職場に選択していただくことを徹底します。もちろん、なぜそれらを提示するのかという理由は説明する必要があります。主観を交えずできるだけフラットな説明を心がけましょう。

一般論に近くはなりますが、「これをやれば間違いない」といった選択肢はまずもって存在しないと言うべきです。すべての選択肢や可能性にはメリット／デメリットがどちらも存在します。それらを漏れなく説明したうえで、最後は職場に判断していただくわけです。どこまでも相手優先のスタンスを貫いてください。

ルール⑦ 伴走から自走化を目指す

組織開発の取り組みにおいてCAはよき伴走者であるべきですが、永遠に伴走者であり続けることはできません。仮にできたとしてもするべきではありません。**最終的に自力自走できなければ、組織が本当に変わったとは言えない**からです。

だからこそCAは、伴走から自走化を目指します。職場にとって、厳しく言えばCAは「他人」です。他人頼みのままでは、いつまでも職場は自力自走できません。タイミングを見計らって、職場主体の判断や行動を促していく必要があります。

少しだけ複雑なのは、推奨プログラムの終了＝伴走から自走化へというかたちには必ずしもならない点です。もちろん、推奨プログラムが完了した段階で自走できるようになっているケースも存在します。しかし、そうではないケースも多く見受けられます。

仮にプログラム終了後もなお伴走が必要だと判断される場合には、放

置することなく、気にかけている旨を伝え続けます。そのうえで、実際に職場の状況もフォローし続けます。自走の姿が見られたら、惜しみない賞賛の言葉を送ります。それが職場の勇気になり、次の自力でのアクションにつながっていくからです。

　伴走と自走のバランスを取るのは非常に難しいのですが、ここがまさにCAとしての腕の見せどころだと理解し、全力を尽くしましょう。「基本姿勢7ルール」を理解したみなさんならできるはずです。

支援対象職場へのアプローチ

　例えば職場力調査の結果によって、「自分たちの職場は悪い職場なのか」といった誤った印象だけが先行してしまうと、犯人探しや上司への批判が飛び交うようになり、改善に向けた取り組みが難しくなっていくからです。

　どんな意味付けやどんなアクションを選択するのかは、あくまで職場の判断である点をくり返しお伝えしてきました。**CAの役割とはどこまでもファシリテーターにとどまります。**

　ただ、支援対象職場には「あきらめ」や「ギスギス」の雰囲気が漂っています。その分だけ、自力自走が困難であるということです。そうした雰囲気が特に強い場合には、改善に向けた道筋を**「一緒に」考える＝寄り添う姿勢**を前面に出していく必要があります。それが推奨プログラムという理解になります。

　無論、支援対象職場に該当しても、早期に自力自走型への転換を図れる職場も存在します。潮目をどのように読むかはCAの知見に負うところが多いとお考えください。みなさんの価値観や人生観を、フルに発揮すべき場面とはこのような瞬間なのだと信じています。その分だけ、自力自走できたときの喜びが大きくなります。

ポジティブアプローチの「4Dサイクル」

推奨プログラムについても、もちろんポジティブアプローチは必須です。その実践にとって重要なのが、次の図に示した「4Dサイクル」です。

発見が夢へとつながり、夢を持つからこそ実現の方法を設計し、自ら実践し実現することによって運命としていく。

次の4つの「D」がポジティブアプローチを象徴しています。

人の潜在的な強みを発見し、その各自の力を結集した最高の職場とはどんなすごい組織になれるのか夢を描きます。そして夢を絵に描いた餅にせず、本気で夢に近づけるためにどんな行動を設計するのか、一気に夢実現とはいかないまでもまずは皆で変える第一歩を運命として踏み出すこと、と私自身は理解してます。

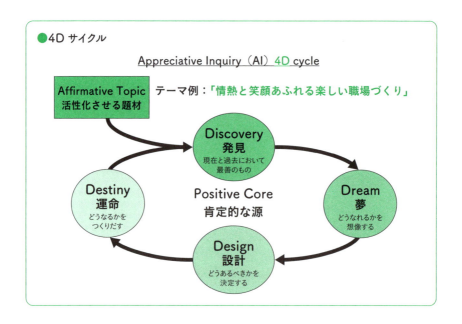

狙うのは「理想と現実のはざま」

　プロジェクトのゴール設定もまたポジティブに行う必要があります。
　具体的には、問題解決思考の反対を行きます。「できない」理由は何かを掘り下げるのではなく、「できる」ためには何が必要なのかを見つけていく。組織の「ありたい姿」をイメージし、その状態へと近づくためには何ができるかを考える。常に肯定的な言葉を用いて議論する姿勢が求められているわけです。

　問題解決思考にもとづくギャップアプローチでは「マイナス」の部分に着目します。現状に足りないピースをどのように埋めるのか。その方法こそが解決に該当するわけです。
　他方、ポジティブアプローチでは「プラス」の部分に着目します。理想との乖離を解消するという「外形」はネガティブアプローチと同じであっても、マイナスの部分をゼロに近づけようとするのか、あるいはプラスの部分を少しでも増やそうとするのか。メンバーの心のあり方＝「本質」の部分は大きく異なります。
　何より、夢や理想に向かって進んでいくと誰もが元気になります。**元気になれば、想像を超えたアクションを新たに創造することさえ可能**になります。水を満たすことではなく、ビールにまではじけ発展するように、ポジティブであることがいかに大切であるのか、深くご理解いただけたとすれば、本当に嬉しく思います。

　もっとも、理想を追求するだけではアクションにはなりません。実行可能性という観点は何があっても外さないでください。現状で「できること」を積み重ねていく姿勢が重要なのです。対話の中で新たな「できること」に気づく機会も少なくありませんが、それは理想だけを並べ立てることとは明らかに異なります。その意味でも「理想と現実のはざ

● ポジティブアプローチ

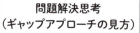

| 問題解決思考
（ギャップアプローチの見方） | ← 比較 → | ポジティブアプローチの見方 |

現状
これだけしかない

まだこんなにある！
・薬が飲める
・切手も貼れる
・服にこぼした
　醤油が拭ける

| 仕事に重要なアプローチ | ← 比較 → | 人間関係に有効なアプローチ |

不足・欠落を
埋める

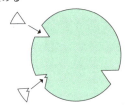

メンバーの強み
を膨らませる

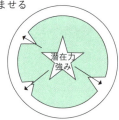

潜在力
強み

原因が人になると犯人のようで素直に受けにくい。
人に関しては個々の強みを認め高め合い実現したい
最高の姿をチームで目指すと前向きで元気になれて
想像を超えることが実現可能になる。

※出典　南山大学中村和彦教授「組織開発実践者養成講座」

ま」を目指していくことが大切です。一方だけに比重を置いたアクションは、その分だけ、組織をよい方向へと誘う可能性が低くなってしまいます。このバランスを見極めることも、CAに求められる重要なスキルの1つと言って差し支えありません。

アイスブレイクの効用

　各プログラムを進める上で、アイスブレイクをタイミングよく差し込むことによってさらに高い効果が期待できます。アイスブレイクとは文字どおり、**氷のような冷たい場の空気を壊すきっかけ**となるゲームのようなものです。

　その効用は大きく5つあります。

●アイスブレイクの効用

① 押し黙る空気をワイガヤ感に一変させる
② 意見が言いやすくなる
③ 議論疲れのリフレッシュ
④ 主体的に楽しむ
⑤ 笑顔が出て明るい雰囲気になる

　タイミングは冒頭の挨拶や対話に入る前がベストです。それ以外にも、対話に疲れが見えたら適宜差し込んでいただいて結構です。

　アイスブレイクをゲーム感覚で楽しむだけでも効果はありますが、効果を最大化するためには、CAがファシリテーターとして、個々のアイスブレイク終了時に対話プログラムに結びつく学びに思考をめぐらせ、まとめることが望ましいと言えます。そうすることで、のちの議論の質

が確実に向上します。具体的なアイスブレイクの手法はネットなどでも検索可能ですので、ここでは割愛します。

推奨プログラムの原理である『3つのSTEP』

職場で実践すべき推奨プログラムには原理があり、以下のとおり大きく3つのSTEPで進むものとされています。

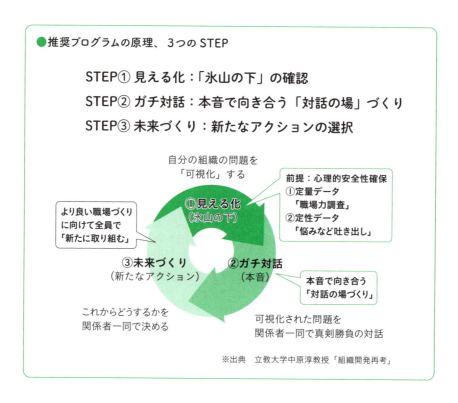

●推奨プログラムの原理、3つのSTEP

STEP① 見える化：「氷山の下」の確認
STEP② ガチ対話：本音で向き合う「対話の場」づくり
STEP③ 未来づくり：新たなアクションの選択

※出典　立教大学中原淳教授「組織開発再考」

STEP① 見える化:「氷山の下」の確認

　組織開発の取り組みにおいて最初に行うのは「見える化」です。心得⑥（68ページ）では、テーブルの下の話はトップに伝わりにくいと書きましたが、見える化が必要な理由はまさにその点にあります。トップに限らず、組織の中に摩擦が生じること、それを解決することに慣れていない日本の組織では、たくさんの重要な問題意識が「テーブルの下」に潜り込んでしまうリスクが高い状況にあります。

　水面から顔を覗かせているのは「仕事の側面」で、多くの場合、問題解決思考の言葉に満ちています。あえて見える化をしなくても見えていること、解決の仕方が概ねわかっていること。そのようなテーマで議論されるのが表面の世界です。答えの見えない問題を、腰を据えてじっくりと議論するには不向きと言えるでしょう。

　他方、<u>水面下の世界には「人間同士の側面」が沈み込んでいます。</u>組織に所属するメンバーの想いやコミュニケーションの在り方など、簡単には把握できない＝見えにくい話題がそこには存在しています。これらを表面へと引きずり出すことこそが見える化にほかなりません。CAがやらなければならないのは、水面下に意識を向けることです。氷山の下に隠れた世界があり、そこには組織課題を解決する大きなヒントが眠っていることを、まずはCA自身がしっかりと認識する必要があります。

前提となるのは心理的安全性

　では、見える化するためには、CAは何をすればよいのか？　この疑問の答えとなるのが心理的安全性です。無論、心理的安全性の確保には一定の時間がかかります。
「今から組織開発に取り組むので心理的安全性を確保しよう！」
　そんなかけ声1つで確保できるのならば誰も苦労はしません。

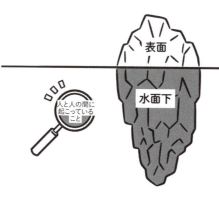

　限られた時間軸の中で、できるだけ心理的安全性を高める方法は大きく２つあります。その１つが**トップメッセージ**です。私は必ず、取り組みをスタートするに際しての熱い想いと、「この活動の中では私にとって耳の痛いことも、真摯に受け止めます」という固い決意を伝えてもらいます。そうした決意表明がなければ前に進んでいくことができないからです。

　もう１つは、**日頃の取り組みに対する心からの感謝**です。これはトップからだけでなく、CA自身も伝える必要があります。仲間へのリスペクトと言い換えても差し支えありません。

職場力調査の鉄則と方法

　心理的安全性を確保したあとで行うのが「職場力調査」です。これは全社に対して実施する調査です。その結果を全員で共有します。

　共有に際しては、基本姿勢の３つの大切な鉄則があります。職場力が

数字で示す定量データはあくまで「傾向」に過ぎない点を腹落ちさせたうえで、以下の3つを徹底します。

> ●職場力調査の鉄則
> 鉄則①　犯人探しをしない
> 鉄則②　結果で上司や職場を評価しない／対応を変えない
> 鉄則③　目標値の達成を強要するような運用をしない

　これらが徹底されないとメンバーが自由に回答できなくなったり、上司が取り繕うよう指示をする、といった事態が生じます。つまり偽物データ集めとなり意味がなくなります。
　それではすべてが氷山の下へと再び潜り込み、次のSTEPである本音での対話がまったく機能しなくなります。
　調査依頼時には必ずこの鉄則を宣言して、通知することをおすすめします。
　大切なことなのでくり返しますが、データの取り扱いは本当に要注意です。表面的な結果だけで犯人探しをしたり、上司や職場を評価したりすると、本来の意図とは違って、職場の状況がむしろ悪化することにもつながりかねないからです。実際、そのようなケースをいくつも目にしてきました。第2章の壁9のところでもお伝えしたように、最悪の場合はデータを「開示不可」にするといった対応も必要になってきます。**組織開発の目的は、「裁く」ことではなく「改善する」こと**です。調査を実施し、結果を共有するのも、すべて「改善する」ために必要だからです。その点をよくよく心得ていただき、慎重にも慎重を期してデータをご活用ください。

　「職場力調査」では、大きく**「健全性」「効果性」「自己革新力」**という

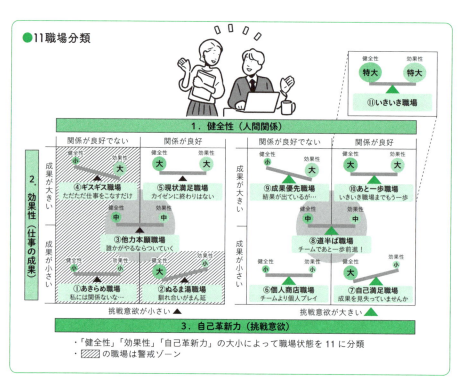

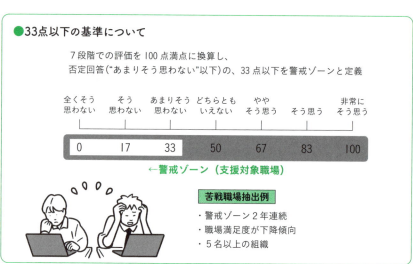

観点から組織の状況を確認します。これら3つの性質／力の大小によって職場の状態を11のタイプに分類します。個々の設問に対する回答は、「全くそう思わない」から「非常にそう思う」までの7段階で行います。7段階での評価を100点満点に換算し、組織の状態をスコア化します。

基本的にはスコアが33点以下の職場を、警戒ゾーンにある職場＝支援対象職場と定義しています。この数値は参考であり絶対基準ではありません。各社で警戒ゾーンを決めます。それが絶対的なものではないことや、職場の良し悪しを決めるものでない点は、重ねて強調してきたのでここでは割愛します。

スコアが33点以下の場合でも、職場の雰囲気が「あきらめ」や「ギスギス」の状態にあると判断されない場合には、支援対象から外れることになります。さらに、瞬間風速的にスコアが低かったり、職場の人数が少なく特定の人の影響を受けやすかったりする場合も同様に、支援対象とはみなされません。点数だけで判断しないとはこうした意味も含んでいることをご理解ください。尚、この調査や結果の共有はスケジュール感も大切になってきますので、スケジュール例も挙げておきます。

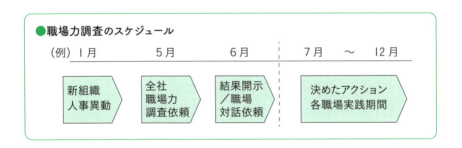

「職場力調査」の結果は、取り組みの方向性を定めていくための重要な参考資料です。数字をそのまま鵜呑みにしてはいけない点はすでにお伝えしたとおりですが、それでも組織の状態ないしは傾向を示していることは事実です。

調査結果を適切に活用するかどうかで、プロジェクトのゴールが大きく異なってきます。だからこそ、調査の重要なポイントについて理解を深めていただきたいと思い、別途項目を立てました。今からその内容を詳しく見ていくことにしましょう。

調査の手順は大きく3つに分かれます。

① 調査導入準備

導入準備として確実に実施すべきなのがトップ層への説明です。調査内容も含めて、標準プロジェクト全体の内容を認知してもらい、関心を高めることが重要になってきます。

くり返しにはなりますが、定量的なデータがすべてではないこと、数字だけを見て良し悪しを判断する意図はないことを、しっかりと伝えておく必要があります。

② 調査実施

調査には組織に所属する全員が回答してもらいます。形式的かつ表面的に実施する調査ではないので、責任を持って回答することが必要不可欠です。対話でも本音が必要とお伝えしましたが、調査の回答も本音で臨んでもらう必要があるということです。

データは傾向であると書きました。しかし、傾向には意味付けが必要になってきます。意味付けを行うのは職場メンバー全員であり、意味付けの手段が本音の対話です。

CAとしてプロジェクトに参画する際には、こうした本質的構造を十分に理解しておく必要があります。それぞれのSTEPや準備等のつながりをしっかりと腹落ちさせてください。

③ 結果の開示と読み解き

結果の開示と読み解きは推奨プログラムの原理、最初のSTEPである、

見える化の一部を構成しています。メンバー全員に対して責任ある回答を依頼したのですから、メンバー全員に対して、責任を持って結果を開示する必要があります。言うまでもなく、ここでCAから結果に対する意味付けを行うのは絶対に禁物です。

CAが行うのは、結果をよくする責任はメンバー全員にあること、全員が当事者として結果を振り返る必要があることを、しっかりと理解してもらうためのファシリテートです。それを実践することで、今を表す数字の意味を解釈し、よい組織をつくるために必要なこと、自分たちにできることを見出していってもらいます。**どんな結果でも組織を「一歩前へ」進めていく。**その意識を醸成するために調査の結果を上手に活用していくわけです。

定性データとなる「悩みなどの吐き出し」

氷山やテーブルの下に固着した、ネガティブな想いはきれいに吐き出す必要があります。

なお、ここでは「対話」「議論」ではなく、吐き出すこと、吐き出した内容を共有することが重要な目的です。**吐き出すことで、少しでも心が軽くなるカタルシス効果（浄化作用）**が狙いです。各自の悩みをテーブルの上に出すと、多くのメンバーが「この悩みは自分だけではなかった」と安堵の表情になります。

ここで欠かせないのもポジティブアプローチです。出てくるのはほぼネガティブな話題ばかりです。それらをギャップアプローチで原因追及に入ってしまうと、語るほうも聴くほうも苦しくなってしまいます。そこでCAの関与の仕方が重要になってくるわけですが、この点については、のちに紹介していくファシリテーターの心得として詳しく見ていくことにします。

なお、吐き出しは職位が下のメンバーのための、うっぷん晴らしの場

ではありません。ましてや上司をつるし上げる場でもありません。そこに炎上のリスクがあるならば吐き出しルールに「恨み、ねたみなど個人攻撃をしない」「仕事をよくしていく上での不満、心配、疑念とする」と条件設定します。したがって、上位の役職者も含めて全員で実施します。

　自分が組織のために何を想い、どのように行動してきたのか。

　組織のために何を我慢し、何を言えずにきたのか。

　心に溜まった悩み、不安、心配等をありのままに吐き出します。「ありのまま」がとても重要なのです。**「返報性の原理」**という言葉をご存じの方は多いと思いますが、自らの発信の質と量に比例して相手も返してくれる。そのような傾向を表す心理学用語です。心理的安全性の確保という観点からも、上位者から先に吐き出しを実践してもらうわけですが、上位者がありのままに、できるだけ多くのことを語れば、あとに続くメンバーもありのままに、できるだけ多くを語るようになります。たくさんの情報が集まれば、メンバーの間に存在していたけれども気づかずにいた認識のギャップが確認できます。ギャップの共有は対話の前提条件であり、これまで相手の言動の背景にあったものを正確に理解するからこそ、対話をポジティブにスタートすることが可能となります。相手のバックグラウンドとは「氷山の下」の世界です。だからこそ、見える化させていくわけです。

　そこで大切になってくるのがグループ編成です。**複数ライン合同で実施する場合はメンバーをシャッフルするなどの方法**を取ります。若手／中堅／マネジメントというように階層を分けて、職位の近いグループで吐き出す等の工夫が必要です。

　特にマネジメント層（上司）の目が届かないよう別室へ移動してもらうなどの対応も実施します。もちろん、マネジメントグループもメンバーと同じく、悩みの吐き出しはしてもらいます。そのうえで、最後に全体で共有するというプロセスを経ていきます。

実際にあったケースを少しデフォルメしてお伝えします。
　組織開発の重要性を理解し、積極的にコミットもしてくださったあるオーナーの方が、吐き出しのあとため息交じりに呟きました。
「もしかして、伝わってなかった？」
　この方は若手の面倒見もよく、自分では若手との距離感が近いといつも考えていました。コミュニケーションの大切さも理解されており、若手と話す機会を意識的に設けてもいました。しかし、若手から次のような言葉が出たのです。
「よく口癖で『○○だろう？』と訊かれるんですけど、正直『はい』と答える以外には方法がなくて……」
　こうしてギャップが明確になりました。管理職は「はい」という言葉の意味を自分の意見に同意していると解釈し、若手はまったく別の想いを抱えていたわけです。
　しかし、これはとてもよい傾向です。若手からの率直な言葉にオーナーは、ショックを受けながらも潔く受け止めました。そして即座に、今後は「○○だろう？」をやめるとメンバーの前で宣言し、つい言ってしまったら注意してほしいと伝えました。
　オーナーの受け止めは立派でした（その後、今夜は飲みたい！　と呟いてはいましたが）。その結果、何と若手から「オーナーがすぐに対応していただけるなら私たちも悪いところは直します！　今まですみませんでした」という反応があったのです。
　このように相互理解が進むと、言葉遣いや受け止め方、相手との向き合い方が変わってきます。意識が変われば行動が変わるのです。行動変容の萌芽が生まれたとき、その次の習慣化に向けた取り組み＝対話の扉が開かれることになります。

第3章　組織開発の心得とポジティブな手法

> ポジティブ転換への仕掛け

　吐き出しのステップが終わったあとは、ポジティブな対話のモードに入ってもらいます。もちろん、ポジティブになれと言われて、すぐになれるというものではありません。そのためには仕掛けが必要です。そこで、事前案内を活用して**「元気の出る服装」と「元気グッズ」**の持参をお願いします。

　服については、仕事モードではなくプライベートで着用する服を選んでいただきます。自身にとって元気が出る服装ないしは「色」を会場でお披露目いただくと、皆さん自然なかたちで笑顔が出ています。スポーツファンなら応援チームのユニフォーム、趣味で着用する服、お気に入りの服や色が十人十色で個性が現れます。

　また元気グッズは携帯写真ではなくできる限り持参できるもの、または大きなものであればその一部をお願いしています。こうした点にこだわる理由は、目に留まる机上に飾ることで、目にしたとき心の中でニヤリとさせる点にあります。ここでもまた個性があふれます。推しのアーティストのCD、釣りのリール、孫の写真立てなど様々です。これらをアイスブレイクとしてグループ内で紹介し合うと話すほうも聞くほうも笑顔あふれてポジティブな空気ができあがります。

STEP② ガチ対話：本音で向き合う「対話の場」づくり

　見える化によりメンバー間の本音を共有できたことを確認して、原理のSTEP②の「ガチ対話」へと移行します。その名のとおりガチ＝本音で向き合う対話です。各メンバーの想いだけではなく、組織の課題もまた可視化されていきます。その解決に向けて、全員で真摯に、ポジティブに議論していく場を整えていくわけです。

　見える化では「氷山の下＝人間同士の側面」を大切にしました。それ

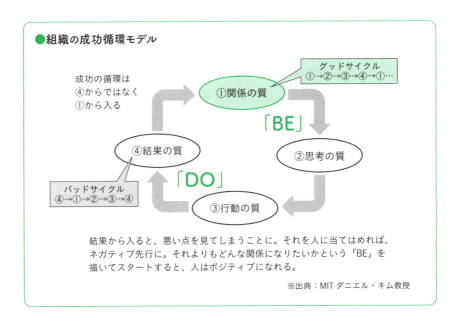

には然るべき理由があります。組織開発の成功には、一定のモデルが存在します。その起点となるのが「関係の質」であり、これは人間関係の質を変えることを言います。**関係の質が変われば思考の質が変化し、思考の変化は行動を変え、最終的には結果の質が変化**します。この好循環＝グッドサイクルを構築することが重要であり、そのためにはまず、「どんな関係になりたいのか？」という問いから入る必要があります。

大切なのは「目的」と「ルールづくり」

　ガチ対話を実践する地ならしとして大切な要素が2つあります。それが「目的」と「ルールづくり」です。

　組織開発の取り組みを進めるに当たって、冒頭にトップから熱い想いを伝えてもらうことが重要であることはお伝えしたとおりですが、それとは別に、オーナーからガチ対話の目的ならびにルールについて説明をしてもらいます。何のためにこれからのガチ対話があるのか。組織を持

続的によくしていくためという目的をオーナーから直接語ってもらう必要があります。大切なのは、「オーナー自身の言葉で」語るということです。経営トップの言葉や人事からのメッセージを横流しするだけでは十分とは言えません。

　ガチ対話におけるルールは必ずしも一様ではありません。とはいえ、あまりに複雑な／ハードルの高いルールを設定するとメンバーが守れなくなり、ガチ対話の内容にも大きく影響します。徹底できないルールは定めないことを原則としましょう。

　一般的に採用されているルールは以下のようなものです。

> ●推奨プログラムのグランドルール
>   ① 批判禁止
>   ② ニックネームで呼び合う
>   ③ 積極的に傾聴する
>   ④ 徹底してポジティブ姿勢になる
>   ⑤ 受講モードにならない（主体的活動）
>   ⑥ 楽しむ

　ニックネームは関係の質を変えるうえでも効果的です。せっかく本音で話す場があるのに、「〇〇課長」などと役職で呼んでいては日頃の関係性から抜け出すのが難しくなってしまいます。
「積極的に傾聴する」とは矛盾した表現に映るかもしれませんが、うなずきを大きくすることで傾聴していることを知らせる、相手が勇気を出して本音を話したあとには拍手で称える、といったように、リアクションを積極的に示すことを意図しています。
　意見の否定が厳禁であることは明らかです。ガチ対話はガチな分、ポ

ジティブアプローチでなければ成立しません。これらのルールを徹底することで、質の高い対話を実践することができます。

ただし、これらのルールをパワーポイントで説明しても、聴いている側の記憶にはほとんど残りません。したがって、ワークショップの間はいつでも目に留まり意識してもらえるように、模造紙に大きく書き出して前面に貼り出しておくことをお勧めします。

STEP③ 未来づくり：新たなアクションの選択

推奨プログラムの原理、最後のSTEPが「未来づくり」です。

新たなアクションの選択という補足があるとおり、組織がこれからどのような方向へと進んでいくのか、組織をよくするためにどんな行動を選択するのかを決めていくわけです。

手法はメンバー全員での対話ですので、ルールづくりについてはSTEP②のとおりで大丈夫です。あえて付け加えるならば、あくまでもガチ対話で出されたメンバーの意見をもとに考えること。いきなり別の方向からボールが飛んでくると、ガチ対話に取り組んだ意味がなくなってしまいます。解決策はメンバーの想いの中にある。この点をしっかりと意識する必要があります。

目的は「アクションを具体的に定める」点にありますので、ここから逸脱しないことが重要です。なお、組織の状況や「職場力調査」の結果にもよりますが、できる限り具体的な目標設定ができればベストです。STEP①の結果も参考に、「組織には〇〇という強みがあって、これをさらに伸ばすためにはどんなことができるか」「逆に△△が弱みであり、克服するためには何が必要で、どんなことをやっていけたらいいか」といった観点で、対話のテーマをフォーカスしていくことが望ましいと言えます。

漠然と「組織をよくする」だけでは、議論の糸口がつかめません。ガチ対話では何より「語る」ことが重要なので、語りが始まるよう効果的な仕掛けを用意するわけです。とはいえ、必要以上に1つのテーマに拘束することは避けなければなりません。<u>対話が進む中で想定外の化学反応が多く生まれます。</u>それはポジティブな変化だと言って差し支えありません。これを大切にしたいわけです。
　議論が<u>脱線するのを防止するといった目的からファシリテートを効果的に行う</u>必要はあります。それでも、結論は組織のメンバーが生み出すものです。議論の行く末を見守りながら、ポジティブな結果へと至るようにフォローしていきましょう。

　未来づくりに成功した職場のエピソードを1つお話しします。紆余曲折を経ながら、最後にはメンバー全員の想いが1つになり、理想の職場に向かうためのアクションも決まり、CAとしても大きな喜びを感じる瞬間です。
　プロジェクトの最後に、オーナーからコメントをいただくこととしました。その方は口数の少ない実直なタイプだったのですが、「本音を言うと最初はやりたくなかった……」「この活動で、メンバーがこんなにも自分たちの組織を想っていることがわかって……」と言ったあと、しばし沈黙が続き、突然涙を流されました。私を含めてそこにいたメンバー全員がフリーズしました。私はあえて口を挟まず、待ちました。
　少し落ち着かれてから、次のようなお話をされました。
「これまで自分はメンバーを100%信頼していなかったが、今回のプロジェクトを経て変わった。みなさんの想いや行動の背景を知り、心から嬉しく思った。本当にありがとう！」
　組織開発って本当に素敵なものだと思います。

5 推奨プログラムの実行

　推奨プログラムの原理である「3つのSTEP」をもとに、実際の推奨プログラムは以下の順序で進めます。原理はあくまでも原理であり、実際のプログラムに落とし込むと、以下のようになります。

> ●推奨プログラムの3つのSTEP
>
> 　　STEP①　本音の吐き出し
> 　　STEP②　最高の未来像づくり
> 　　STEP③　深堀り、1点突破

　STEP③の「深堀り」とは未来像を具体化するということです。「深堀り」はポジティブアプローチの4Dサイクル（86ページ）に置き換えると、「Design 設計」にあたります。また、「1点突破」は未来像を作る際の多くの課題の中から、一番効果的なものをメンバーで選ぶことを指します。4Dサイクルでいうと「Destiny 運命」にあたります。ワークショップではそれを「最重要テーマ」とも呼んでいます。

生産性への配慮とスケジュール感

　推奨プログラムは職場の生産性に配慮した設計がなされています。職場にとって何より大切なのは業務であり、組織開発の取り組みが業務の阻害要因となっては本末転倒だからです。日常業務の遂行を邪魔することなく、しかし、取り組みに対する熱量が低下するのを防ぐためには**スケジュール感が重要**になってきます。

推奨プログラムの**集中ワークショップは各ステップ週1で実施**します。また、**ポジティブフィードバック会を基本は3週間に1回のペースで実施**します。前回の取り組みでの気づきを内省し、次につなげるという点では、経験的なところもありますが3週間というスパンがベストだと感じています。

　ただ、取り組みが進み組織全体の熱量が増していく終盤戦では、4週間に延ばすケースも少なくありません。最適なスパンはCAが見極めます。時間という観点もまた重要になってきます。型どおりでは最適な答えを見出せない場合がある点をお含みおきください。

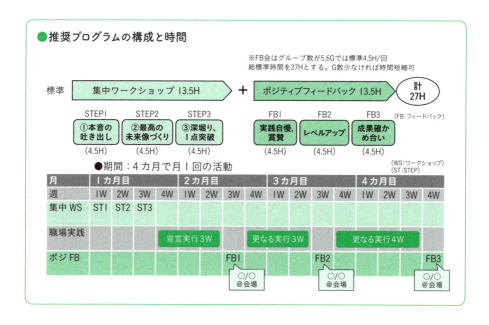

6 ファシリテーターの心得

CAとはよきファシリテーターである

　前項でも少し説明しましたが、CAは推奨プログラムで実践される各イベントにおいて、よきファシリテーターとして振る舞うことが期待されています。組織の現状をデータにも感情にも偏り過ぎずに共有できるように、誰もが余すところなく吐き出せるように、課題解決に向けた対話を本音で実施できるように、未来に向けてのアクションをポジティブな形で選択できるように、持ち得る能力のすべてを発揮してファシリテートしていくのがCAです。

　自分の意見を前面に出すのは明らかな悪手ですし、聴くだけでは議論が停滞したときに身動きが取れません。最終的な選択権は常に職場にあることを前提としながらも、対話が止まったり、アイディアが固化したりしないように、場を回していく姿勢を心がけます。口で言うほど簡単なことではもちろんありません。私自身も最初の頃は、多くの失敗を積み重ねてきました。ファシリテーションとはスキルです。スキルは実践経験の数によって向上します。うまくできないことを恐れず、回数と改善をくり返しましょう。そのために本書があると思っていただければ幸いです。

　以下、ファシリテーターとしての心得を記載します。
　特にワークショップにおける議論をファシリテートする際に必要となってくるものですので、ぜひ参考にしてください。

〈ワークショップにおけるファシリテーターの心得〉

① 観察する
意見を聴いている人の反応や、意見を言いたくても堪えている人の様子を観察する。その際の様子を踏まえて意見の表明を促す。

②「出る」と「引く」を心がける
常にファシリテーター自身が指揮者としてコントロールする＝「出る」のではなく、意見の活性化につながると判断した際はメンバーに働きかける。メンバー間の意見交換が活発になれば黙って観察する＝「引く」。

③ 上質な問いを投げかける
問いは参加者の思考をより活性させるが、何でも問いかければよいというわけではない。議論の方向性を転換する問い／逆の観点からの問い、論理が大きく飛躍した問いなど、臨機応変に投げかけることが重要。

④ 化学反応の有無で議論を評価する
想定内の議論であれば活性化とは言えない。議論が昇華すると参加者が驚くような意見や結論が出てくる。そのような瞬間に生まれる驚きの表情や感嘆符によって議論を評価する。

⑤ 場づくりをする
話しやすい雰囲気づくり＝議論の場づくりはファシリテーター自らが率先して笑顔や明るい振る舞いを重ねることが重要。必

要であれば自己開示も積極的に行う。

⑥ 参加者の無言に対しては「待つ」

意見を促しても出てこないという場合は少なくない。そうした場合にやりがちなのは、空白を埋めようとファシリテーターが不要な発言をすることだが、これは参加者を受け身にさせる。大切なのは「私は意見が出るのを待ちますね」とだけ伝えて、あとは黙っていること。そうすれば、誰かが我慢できなくなり発言し始める。

⑦ 意見の見える化は板書から

意見を聴いているだけでは空中戦となり、前に出された意見が忘れ去られてしまう。そこで板書が必要になってくる。個々の意見のキーワードのみを簡潔かつ素早く書き残すことが重要。キーワードの存在によって議論の全体を俯瞰することができ、構造を図式化することが可能になる。いわゆる「空中戦」から「地上戦」＝地に足の着いた議論へ移行し、思考が促進され、内容も深く印象に残る。

⑧「ちょっとしたこと」を大切にする

ちょっとした動きや変化を見逃さないことで、参加者の多くが議論に「巻き込まれている」という実感を持つことができる。実感を持ってもらうことを意識する。

ファシリテーターがこうした点を率先して補うことで、メンバーは対話に集中することができるようになる。こうした貢献は地味だが、だからこそ重要な意味を持つと言える。

「共創」を常に心がける

　ファシリテーターにとって、何より大切なのは、**参加するメンバーを信頼する**ことです。

　信頼する気持ちがあれば、すべてを自分で背負うという気負いが消えていきます。時として意見がぶつかり合い、ファシリテーターが何かしなければならないと感じるかもしれません。しかし、そこに信頼があれば、よい意味で流れに任せることができます。

　意見の相違とは摩擦のようなものです。摩擦とは熱を生み、熱は物事を前へ進めていく原動力となります。そこで今、エネルギーが生まれているのだと思って見守ってください。間違っても、参加者に何かを強制するようなことだけは避けてください。

　その意味で、**組織開発とは「共創」**です。

　議論の場には参加しないかもしれない経営トップや、職場外から参加しているCAも含めて、組織開発に関わるすべてのメンバーがプロジェクトを共に創り上げているのです。

　なかには賛同しないメンバーもいるかもしれません。だとしても、それも1つの関わり方です。議論を邪魔しないことだけをお願いし、中立の立場でいること＝賛同しないことについては許容します。

　最悪の場合、そうした立ち位置の方が、組織の中で頑張るという方向性を最後まで見出せないというケースもあり得ます。それでも、議論を見守る中でドリームの存在、その大切さを十分に理解することができれば、別の組織に移るというかたちではあっても、人生におけるベストの選択を目指すようになると期待できます。

　だからこそ、短期的な視点で考えるのではなく、長期的な視野で全員がよくなることを考えていくのが組織開発だと言えるのです。

第4章

組織開発のケーススタディ

本章でお伝えしたいことは以下のとおりです。

ケース1 技術職場間の風通しから相互作用へ
ケース2 営業職場の風通しから自立へ
ケース3 製造職場における風通しの壁

職種の違う職場には特有の職場風土や特性があります。
その特性に見合ったプログラムを設計することで、成果は大きく変わってきます。

成功したケースだけが学びの題材なのではなく、結果的にうまくいかなかったケースからも私たちCAは学ぶことができます。大切なのは常に諦めないことです。

技術職場間の風通しから相互作用へ

〈ケースの概要〉
(1) **職場タイプ**：技術系職場
(2) **オーナー**：A職場部長＋室長、B職場部長＋室長
(3) **対象職場**：製品および事業が違う2つの職場（AとB）
FB会は合同開催
(4) **参加人数**：A職場7名、B職場25名、計32名
(5) **組織の悩ましさ**
　A職場：
　① 3部署合体異文化混合
　② 成熟製品、リソース減
　③ 新たな技術学習が少なく若手のモチベーションが低い
　④ 言ったもん負け文化
　B職場：
　① 言いたいことが言えない
　② 過去も対話して変わらず辟易している
　③ 下から上司への突き上げ
　④ 定番不変の製品を扱っているため新技術が少なく
　　若手のモチベーションが低い
　⑤ 事業統合により旧組織文化が残り、切り替えにくい
(6) **適用プログラム**：
推奨プログラム　期間4ヶ月、27H
(7) **CA**：
プログラム開発CA＝人事CA 2名＋職場CA 4名
(8) **活動成果**：
Before：他力本願職場 → After：いきいき職場

言ったもん負け文化から言うのがあたりまえ文化に

まずは集中ワークショップを2つの職場各々で開催しました。

冒頭で参加者全員に「今の気持ちは？」と問います。A職場では期待する人もいれば、露骨に「こんなことをやっても意味がない。過去にも似たようなことをやったが何も変わっていない」と厳しい意見を述べた人もいます。いきなり唐辛子を塗られたような気分でワークショップがスタートしました。

他方、B職場は人数も多く、どのメンバーも覇気がなくどんよりした雰囲気です。中堅若手社員は「また似たようなことをやるの？ 期待はしていません」と断言。またもカウンターパンチを受けてのスタートです。

いずれの職場も過去に業務改善など対話の機会はあったものの、結果的に何も「変わらなかった」事実だけがメンバーの心に残り、対話＝意味のない活動という「負の学習」が前提となっていることを学びました。とはいえ、私はファシリテーターとして動揺せず、正直な気持ちがそこにあることを受け止めるだけです。

次に心理的安全性を確保した上での推奨プログラム STEP ①の本音の吐き出しでは、溜まったものを言い出し始めると、仲間同士で共感し合う点が多い様子が見て取れました。そうした全体の悩みを網羅した職場状態を風刺画で描いてもらいます。小学生に戻ったかのように嬉々として絵を描きながら、時にどっと笑いが起きます。誰もが苦しい悩みを描いているはずなのに、絵にすることで笑いが生まれました。

吐き出しでは、定番の上司への不満が出てきます。その本音を見た室長の言葉が印象的でした。

「これまでは『任せた』という言葉を主体的に考えてもらうための『よ

い言葉』と理解していたけれど、部下の側では『任せた』を『突き放された感じ』に受け止めていて、もっと寄り添ってほしいと思っていたことがわかりショックでした」

自分の意図がまったく伝わっていなかった……と肩を落とす姿が今も鮮明な形で記憶に残っています。

推奨プログラムのSTEP「②最高の未来像づくり」では、ポジティブアプローチで議論を進めることができたため、回を重ねるにしたがって、笑顔が確実に増えている様子が確認できました。ここでは、私たちが心から望む「最高の職場」を描いてもらいます。STEP①で描いた悩ましい職場状態の風刺画とまるで逆の、輝かしい姿の絵が対照的でした。

不思議なことに、両職場でネガティブスタートをした人がむしろ、全面的に前に出て議論をリードする姿が目立ちました。スイッチが入ると、失望感の大きさが翻って期待感となり、人一倍大きくなることを実感します。

半日3回／3週に分けて実施した集中ワークショップが終わり、職場実践期間に入りました。3週間の実践期間を経て、意識したこと、行動したことを、些細なものでもよいから自慢し合うポジティブフィードバック会（FB会）を、2つの職場合同で開催しました。普段は接する機会のない本社の技術職場と製作所の技術職場です。双方の部長がお互いのロケーションを訪問したところ、「一緒にFB会をやろう！」というかたちで話が進み、それまで別々に集中ワークショップを実施していたのですが、FB会を合同で実施する運びとなったわけです。共に技術職場でありながら、まったく違う製品を扱っていることもあって、相手に対して興味津々です。チーム活動の発表は他チームからのポジティブFBをいただく場であり、その感想や提案、疑問等はそれぞれのチームにとって非常に新鮮に映ったようで、普段とは違う明るい雰囲気と関心度の

高さを感じ取ることができました。

　次に個人自慢として、「自分は宣言に対し何をしてきたのか」を技術展示会方式で紹介し合います。全体の約３分の１が展示メンバーとなって、準備してある自慢帳票を壁に貼り出し自慢します。残りの３分の２はギャラリーメンバーとして自由に各説明員をまわり、「称賛とアドバイス」を付箋紙に記入して、プレゼントしました。話し手と聞き手を交替しながら進めました。

　ここでは、部長、室長、課長も同様に自慢いただきました。普段高い職位になればなるほど孤独に陥りやすく、まして自身が部下に自慢することは希少です。しかしこのときは上下の関係なく全員が自慢できたことで、楽しみながら取り組んでいただくことができました。特に、同じ職位の方からの称賛とアドバイスをもらえることは、同格だからこそわかり合える立場故にとても響いている様子でした。プレゼントされる付箋紙が増えるほどに個人はエネルギーをもらい、響いたアドバイスを元に次のポジティブフィードバック会を楽しみに、新たな職場での実践に取り組んでもらうことができたのです。

　こうしたポジティブフィードバック会を、３週間ごとに合計３回実施しました。回を重ねるごとに皆さん参加を楽しみにされ、耳を立てると「自分が他者にアドバイスするんだから自分もやれていないと恥ずかしい」という声が聞こえてきました。この場面こそが、「誰もが相互に学び成長しあっている」と確信した瞬間です。

　こうしてチャレンジと称賛をくり返し、一区切りがつきました。スタート時点のどんよりとしたやらされ感で参加していた姿は、今となっては微塵も確認できず、メンバーが主体的に自分たちの組織をよくしようとする姿へ明らかに変わっていました。同じ部内ではない同職他部署の

組み合わせも、多様な視点が刺激となり、吸収力も高くなる相乗効果があると強く実感したようです。最後のクロージングでは、メンバー代表から感想をいただきました。
「今回も期待していなかったけれど、やってよかった」
「言ったもん負け文化が、言うのあたりまえ文化に変わった」
　そんな嬉しい言葉をいただきました。
　部長からは「最初にこの活動のお誘いを受けたときは、正直、人事に目をつけられたと思っていた。回を重ねるたびにメンバーの変化が手に取るようにわかり、何よりネガティブだったりんごちゃん（メンバーのニックネーム）が一番変わったことに驚いています。それが嬉しかった。この流れを止めることなく、自分たちで今後もポジティブを続けていきたい」と笑顔で語っていました。

　この推奨プログラムは開発CA 6名で30回の会議を重ねて作り上げました。試行も含め初めての適用だったため私たちCAにとってもこれまでの苦労が報われた気持ちでいっぱいでした。ベテランCAのOさんは最後のコメントで「皆さんが初期の頃と比べまったく違う今の姿に変化していることに驚きました。この職場で活動を支援できたことが……最高の喜びです。ありがとうございました」と目にいっぱいの涙を浮かべて語っていました。

　多くのメンバーから感謝をいただき、開発CAメンバーで帰途に向かう車の中では、回顧しながら「部長もあそこが変わったよね。あのときのメンバーの一言と反応は大きかったよね」など話は尽きることなく、達成感に満ちあふれた時間は夜のテールライトと共に忘れられない一時となりました。

営業職場の風通しから自立へ

〈ケースの概要〉

（1）職場タイプ：営業職場
（2）オーナー：役員＋室長
（3）対象職場：部全員
（4）参加人数：64名（3チームに分けて実施）
（5）組織の悩ましさ
　　① ロケーションが3つの地域に分散
　　② 同じ部内で顔を知らない
　　③ 退職者、メンタル不調者の心配
　　④ 部門長交代
（6）適用プログラム：
　　ポジティブプログラム短縮版とVision作成追加
　　集中ワークショップ1日7H＋FB会1回
　　計8.5H×3チーム　4ヶ月間
（7）CA：
　　人事CA 2名＋職場CA 6名
（8）活動成果：
　　Before：他力本願職場 → After：あと一歩職場

手垢のついたVisionづくり

　この職場はロケーションが3つに分かれながら1つの部を構成しているという特徴があります。そうした環境故に希薄な関係性が必然的に生まれやすく、疲弊感も漂う悩ましさから求心力と元気な職場にしたいという相談がありました。相談の主は職場CA代表となった方です。自組織の疲弊感を身近に感じていて、何とかしたいという思いを人一倍強く持っていました。

　そこでまず、職場のトップである役員を交えて、どんな打ち手があり得るのか、代表さんと共に説明会を開き、ポジティブな活動の効用や組織開発の肝であるオーナーの本気度が成否を分けることを伝えました。

　オーナーは自身の考えている視点と同じであることに自信を持たれ、部全体で組織開発活動に踏み込む決断をしました。人数が多いことから場所ごとに3チームに分けて開催を計画。職場CA体制もさらに強化し、6名の素晴らしいメンバーが人選されました。
　ワークショップ計画や会場予約、美味しい弁当の手配など、さすがは営業メンバーだけあって実にテキパキと準備が進みました。
　オーナーの要望は、「新たなVision」を浸透させて、求心力を上げていきたいということでした。早速CA会議を重ねてポジティブアプローチの基本プログラムにVision浸透という要素を加えることにしました。
　私がお勧めしたのは、役員と室長＆課長＝マネジメント層で作成したVisionに部員の「手垢」をつけることです。よくある話なのですが、上意下達で部員に落とし込んでも、自分たちの考えを加味するプロセスを入れないと適応課題が残るので十分には腹落ちしません。それを何とかして避けたかったのです。そこで、TOPに作成したVisionへの想いを含めて説明いただき、その後にチームで模造紙に意見をまとめてもらう

ことにしました。

　まとめ方は「マネジメントGの考え」の「共感」＆「違和感」×「あなた（チームメンバー）の考え」の「共感」＆「違和感」。
　模造紙に4つの象限をレイアウトし、メンバーの意見を付箋に記載して貼っていきます。マネジメント側もメンバーからの意見に興味津々です。どこに共感してくれて、どこに違和感を持つのか。その結果どこを修正すべきなのか。どのように言葉を変えるのか。それらの観点で議論を重ねました。

　このような摺り合わせこそが大切なポイントであり、上下間での相互理解が深まりました。最後に全チームの模造紙を集約し、後日マネジメント側でVision再修正を行い、部全員が納得する見事なVisionができあがるに至りました。
　この職場の秀逸な点は、企画の当初から3年間の計画を立て、初年度は「職場関係向上と部Vision策定」、2年目は「チーム力を高める」、そして3年目に「プロ集団を目指す」としたことです。

　ロケーションが離れ、共に仕事をしながらも会ったことがない人、顔も知らない人が横行していることから、オーナーの決断によって会場の選択をメンバーサイドで決めることや、出張による移動にも配慮いただいたことで、メンバー間の交流が非常に深まりました。有志の懇親会も開催し、普段はオンラインでしか接触がない人々がリアルに笑顔で談笑する姿にあふれていました。その光景はまるで、失いかけた絆を取り戻しているかのようでした。

　この活動が効果的に働いたことは言うまでもありませんが、私はオーナー自身が一番変わったように感じています。仕事上の立場も影響した

のか難しい議論をされることが日常であったオーナーさんが、ポジティブワークショップでは、「元気な服」として真っ赤な応援ユニフォームを着用していました。故アントニオ猪木さんの入場曲『炎のファイター〜INOKI BOM-BA-YE〜』を流しながら登場し、オープニングメッセージを語る姿は、役員という距離感をまったく感じさせない、まさに率先垂範そのものでした。

　今回の活動をすべて終了した最後のクロージングでは、陰となり日向となって努力を重ねてきた職場CAの代表格である彼にご挨拶をお願いしました。

　彼は前に立ちましたが、しばらく言葉が出ませんでした。じっと待ち続けると、声を絞り出し「当初はこの活動がうまくいくのかと、不安でした。しかし、皆さんが主体的にここまで変化してくれるとは思っておらず、私はこの職場が確実に良くなったと……」。そこからは身体を震わせて喜びの涙があふれていました。メンバーの中にはもらい泣きする者もいれば、がんばれと声をかける者もいて、その空間は決して言葉では表現できない、とても温かいものでした。

　こうして翌年も自主的にレベルアップを図り、職場CAが主体となって組織開発を継続する理想の自立化を実現することができたわけです。

　直接会って共に語り、共に食す。原始的なのかもしれませんが、コロナ禍を経験した今だからこそ、そのような機会がより貴重なものであることを痛感した経験でした。

製造職場における風通しの壁

〈ケースの概要〉

(1) 職 場 タ イ プ：製造生産職場
(2) オ ー ナ ー：前年度部長＆次年度部長＋工場長
(3) 対 象 職 場：3課合同、生産＆製造品質
(4) 参 加 人 数：計48名
　　　　　　　　（課長＆係長、係長＆班長、班長＆班員
　　　　　　　　の3階層に分けて開催）
(5) 組織の悩ましさ
　① 強固なヒエラルキーが存在する
　② 一般職層は上位者に遠慮し本音が言いにくい
　③ 残業も多く、時間の捻出が困難
　④ 休憩時は携帯を触るばかりで交流が少ない
　⑤ コロナ禍で宴会も不可
(6) 適用プログラム：
　製造向け推奨プログラム試行
　集中ワークショップ土曜7H＋FB会1.5H×3回
　計11.5H、3カ月間
(7) CA：
　人事＆製作所人事CA 7名＋職場CA 2名
(8) 活動成果：
　Before：他力本願職場 → After：他力本願職場

対話型組織開発は魔法の杖ではない

　この職場の難しさは、日々ライン作業をする生産職場のために、夜勤メンバーもいる中で、いかにまとまって全員が集合する時間が取れるかという点にありました。そして、生産活動は「品質」と「安全」を徹底し「生産性向上」に努めなければならないが故に、上から下まで一気通貫した組織活動が不可欠であって、どうしてもヒエラルキーを維持しなければならないといった点も、問題として残っていました。そのような背景から班員にとっては班長が直属の上司であり、その上の係長、課長となれば距離感が遠くなります。まして、オーナーである部長は雲の上の存在になるわけです。

　さらに難しいのは、多忙な生産活動を要求されることから正社員以外の期間社員、派遣社員が組織の最小単位である班に半数以上も含まれている点です。職場力調査の結果から複数の課が対象として浮かび上がりましたが、どの係のどの班をターゲットにするのかを慎重に選ぶ必要がありました。

　1つの部だけで1000名を超え、1つの班は10名前後の人数がいます。

　こうした製造職場に対して組織開発活動を行うときには、事務系、技術系の職場とは異なる、生産職場の特性に配慮したプログラムを設計する必要があります。

　そのポイントは①集中ワークショップに割ける時間は休日の土曜。その1日で終えられること。フィードバック会は平日生産シフトが夜勤と入れ替わる前の夕方1.5Hしかないこと。②影響力の大きい上司が多階層にいることから、上位の職制から経験し、班員までを階層別に順を追って上から下へ実施すること。③すでに生産職場で活動しているQC活動などと内容が重複しないこと、としました。

これらの特性に合わせたプログラム開発と試行、改善をくり返し完成させるまでの期間は2年を要しました。この開発に大きな力となったのは、いつも現場の困りごとに対応する製作所人事CAと職場CAのチームです。この構成がとても有益でした。現場らしい実情や問題、苦労を知っているからこそ考えなければならない視点を汲み取ることができました。現場事情を知る彼らがいたからこそ完成することができました。

　プログラムの試行は階層別に3段階で進めました。
　まず第1段階のチームでは、オーナーを部長、工場長として課長や係長との関係の質を変える集中ワークショップを実施しました。推奨プログラムをアレンジして、ステップ1「人となりの理解」→ステップ2「吐き出し」→ステップ3「最高の職場づくりと一歩踏み出し」という流れです。事務や技術職場との違いは、下位の者が上位者に言いにくいという特性から、いきなり吐き出しをさせるのではなく、ひとまず人となりを相互理解した上で吐き出しやすくする点にありました。事務・技術職場では最高の職場（未来像）は「絵」を描いてもらいますが、製造職場ではあえて「寸劇」にしました。それは、大きな部隊になればなるほど全体のコミュニケーションは宴会などで賄ってきた風土が残っている点を利用しようと思ったからです。何より誰でもわかりやすく、過去に出し物を考えたメンバーが多く、最初はやや抵抗感を示すものの、寸劇案を考え始めると嬉々としてどのチームも仕上げてきますし、演じるのも役者顔負けで上手です。私はこれを昼間の宴会と言って鼓舞しました。お披露目会ではまさに宴会そのものです。見ているメンバーは興味津々、笑顔あふれる空間となります。

　そこで最高の職場シーンに朝礼を選ぶチームがとても多いことに気がつきました。日々の生産活動の中で、事務・技術職場のようにフレキシブルにコミュニケーションを取り合う時間がないことから全員が集まっ

て話をする機会が少なく、朝礼が貴重な機会ということです。その他に集まって話し合う機会として「QCサークル」「職場懇談会」などがあります。新たに話し合う時間を取ることは生産性に影響を及ぼすため、定番の集合イベントの質や中身のほうを変えることが早道であるとわかります。

　そこでさらに改善点も見つけました。寸劇では笑いを取るために最上位の上司を新人に、シニア男性社員を女性社員に役をあてたりするチームが多く出てきます。それ自体は滑稽で面白いのですが、最高の職場へと切り替えていくためには、日常の役割で「言動」や「姿勢」を変える必要があります。非日常の役を設定していては、必要な学びを学習できません。

　そこで、次のグループでは試行する際に現状の職位や役割のまま演じることにして、吐き出しで出ていた各自の行動を変えていただくことにしました。その心は、体感して学習いただく場にする点にありました。

　例えば、「課長は、いつも不機嫌そうで笑顔がない。挨拶しても返さない」と部下から本音が出たとします。本人はそんなつもりはないのですが、部下の側ではそう受け止めてしまうものであると理解し、「笑顔を作って、明るく挨拶して部下に近づく」シーンが誕生します。

　部下が望む姿を上司が演じる。その様子に部下の多くが手を叩いて喜び笑い転げます。他方、上司側から「部下はいつも受け身で意見の打ち上げがない」という意見が出れば、部下のほうもそれに応えたシーンを演じます。その姿を見て、上司は「やればできるじゃん、これこれ！」などと言いながら喜びを隠せません。つまり寸劇を経験学習にすることで体感による学びを得て、日常職場に戻っても思い出せる効果が働くわけです。

　そしてステップ3ではこの最高の職場に近づけるために「明日からの第一歩宣言」をチームで決めて、集中ワークショップは終わります。それを職場で実践いただいた3週間後に、ポジティブフィードバック会

1.5Hを開催します。

　これは大きく2つの内容で進めます。1つにはチームで宣言した実践自慢を共有して、他チームやオーナーから称賛とアドバイスをもらいます。そしてもう1つが「本音プレゼント会」です。冒頭でお伝えしたように、ヒエラルキー色が特に濃いという性質から集中ワークショップの1回だけでは、まだまだ本音を出す回数としては足りません。ここでも、本音は上下間でお互いのためになるという理解のもとで、不満や不安を「こうしてほしい」という要望として相手に渡します。これは愚痴や批判というものではない、価値あるメッセージとして受け止めるものなので、「本音プレゼント」という言葉を使います。プレゼントは嬉しいものです。言葉1つを変えるだけでも、相手の受け止め方は前向きに変わります。日常の言葉が文化を創るとは、まさにこのことを指します。部下に対する言葉のきつい上司がその表現を変えてみるなどリフレーミングすることで人間同士の気持ちは変わります。

　こうして第1段階のチームは活動を終えて、その良い影響が第2段階のチームにもたらされました。ここでは、第1段階を経験した課長がオーナーとなり、係長や班長との関係の質向上に努めました。その結果、職場力調査では改善が認められました。

　しかし、ここで1年目が終わり、オーナーであった部長が次の部長への交替が起こりました。とはいえ、これで活動を止めるわけにはいかず、私たちCAは、これまでの経緯と成果を新部長に報告し、活動を継続させていただくようお願いしました。新部長も組織の活性化には前職場で前向きに取り組まれていたようですぐに賛同をいただけました。そしていよいよ、第3段階のチームである係長をオーナーとする、班長と班員との活動が翌年始まりました。

しかしながら正直に申し上げると、この取り組みのあと、職場力は下がってしまいました。美談や成功例ばかりではないことをここであえて、教訓として紹介したいと思います。

このときは2つの班を対象に14名のメンバーが参加しました。CAメンバーは班員の層になると吐き出しの内容も中傷や罵倒表現になりやすいのではないかと心配し、書き方にもルールを設けて、「よくなるための本音」を推奨するように工夫しました。集合したメンバーの空気は、いつになくどんよりとしていて、自由な雑談をする会話もなくただ静かに待っていることに違和感を持ちました。影響力がある両班長に、吐き出し前の心理的安全性の確保のために、上司にとっては耳の痛いことであっても、あえて真摯に聞くことを宣言いただきました。

A班長はその言葉にこう付け加えました。「……ただし、私は打たれ弱いのでお手柔らかにお願いします」。すでに上司としての覚悟のなさを物語っています。

吐き出しタイムでは、班長が近くにいては吐き出しがしにくいという配慮から、テーブルを遠くに離したうえで班長同士で吐き出しをしてもらいました。私はあえて班長テーブルのファシリテーターとして付き、意見のまとめなどを支援しました。しかし、A班長は自分の部下が何を言っているのかばかり気にしている様子が一目瞭然で、そわそわしながら目線を何度も部下テーブルに向けるのです。

私は班長の目線があると班員が吐き出しにくいので、顔を向けることを制止しました。にもかかわらず、その行為が止まらない神経質な姿に私はさらなる不信感を募らせました。

プログラムは予定どおり集中ワークショップ、ポジティブフィードバック会へと進み、表面的にはうまくいっているかのようでした。しかし時が流れ、恒例の職場力調査を実施すると数値が活動前より下がってい

ました。私たちCAにとっては、ショックな結果です。その後、活動職場に対するヒアリングを慎重に行うと1つの事実が浮かびました。それは班員に対して行動を変えるよう指示しているA班長自身が、言動も姿勢も何も変えていなかったというものでした。上司としての姿勢も頑固のままであったことから、班員にとっては大きなため息となっていたわけです。

　班員にしてみれば、「この活動では変わらないでしょう」というあきらめ感から「ひょっとして可能性あるのかも？」と、一時的に期待が上がった分、失望感が2倍、3倍になったわけです。それが結果として現れました。
　この件では、私たちCAも大きく反省しました。もう少し職場に踏み込み班長への個別支援ができたのではないかと悔やみました。こうした活動の成否を分けるのは、まずはオーナーや上司が行動、態度を率先して変えるかどうかです。そのうえで実践している姿を部下に見せる必要があります。それを見て、部下も前向きに変えるかどうかを判断します。対話型組織開発は魔法の杖ではないという教訓です。
　例えば上司2人の仲の悪さが原因である場合に、部下を含めて話し合ったところで徒労に終わるでしょう。またパワハラ上司1人によって組織が不健全になっている場合も、組織開発は打ち手にはならないでしょう。
　人事制度、組織編成、あるいは上司交代などは人事によるハードの側面での対応になります。対話で人の気持ちを扱うソフトな側面だけでは、不足な場合もあります。

　他の職場の事例では、新部長が長年不具合のあった職場環境への不満があることがわかるとマネジメントチームで即座に環境改善をしました。その職場は関係性の不満の半分以上がハード面にあり、環境改善で不満

がなくなってしまいました。

　組織開発に失敗はありません。うまくいかなかったケースからも学ぶことができます。どこに原因があるのかを次のケースにおいて探索しやすくなり、次の打ち手の精度が高まります。だからこそ、組織開発の取り組みには意味があるのです。CAに伝えたいのは、1度や2度のうまくいかなかった結果だけで、諦めないことです。諦めずに何度も立ち向かうことを私は願うのです。

第5章

壁に立ち向かう すべての CAのために

本章でお伝えしたいことは以下のとおりです。

1 経営者も含めた全員が当事者
2 「常に右肩上がり」はないと心得る
3 木が集まれば森ができる
4 森ができれば風が和らぐ
5 他者への貢献を幸せと心得る
6 おそれず組織の風の中に立つ組織開発とは何か

組織開発と向き合うCAは孤独な存在に見えます。しかし、少しだけ視野を広げてみると、そこには多くの仲間が存在し、喜びも苦しみも分かち合えることに気がつきます。
そんなすべてのCAに、心からのエールを送ります。

経営者も含めた全員が当事者

CAは孤独な当事者なのか

　折に触れ、CAとは難しい立場であり、外部の目で組織を客観的に眺めすぎてもダメ、メンバーへの共感から内部に入り過ぎてもダメ。時として困難に加えて孤独をも感じる、実に難儀で因果な商売だとお伝えしてきました。

　しかし、CAとは本当に孤独な存在なのでしょうか？

　CAという言葉を狭く解釈すれば、答えは「Yes」かもしれません。狭い意味でのCAとは、組織に働きかけ、変革や成長を促すために人事部や組織開発を担う部署などから派遣される人物を指します。言葉を換えれば、CAという役割を明確に与えられている存在です。この意味でのCAは孤独を感じる瞬間も少なくないかもしれません。職場の一員ではないというだけでなく、人事＝評価しにきた人との誤解を受けやすい立場に置かれているからです。

　こうした状況を回避するための心得やスキル、留意点等についてここまで一緒に見てきましたが、実践するのは決して容易ではない。私自身も過去の経験の中で、何度も煮え湯を飲まされた記憶があります。組織開発においてはもっとも重要な当事者の1人でありながらも、孤独に苛まれながら取り組みを進めていかなければならないとすれば、最悪の場合、CAの担い手がいなくなってしまうのではないかという危惧さえ抱かずにはいられません。みなさんの中にも、少なからず引き気味になっている方がいらっしゃるかもしれません。

当事者は1人だけではない

　しかし、本書の冒頭に記載したCAの定義を今一度思い起こせば、見える風景はかなり違ってくるように思います。

　CAとは、「組織の変革や成長に働きかける促進者」を言います。そこに「役割を明確に与えられている人」という定義は存在せず、まして「人事から来た人、または人事から派遣されて来た人」との注釈もありません。

　ここでさらに、組織開発の推奨プログラムの解説の中でくり返しお伝えしてきたことを思い起こしてみましょう。「職場力調査」への回答も、結果の共有や読み解きも、さらには未来づくりの選択も、組織のメンバー全員が当事者となって行うものでした。そのような行動は、組織に働きかけ、変革や成長を促すという目的のためには決して欠くことのできないものです。外部から来たCAだけでなく組織の全員が促進者としての役割を担っているのです。

　このように俯瞰的に眺めてみると、**組織開発の当事者は1人では決してない**という現実が見えてきます。だからこそ、所属がどこかに関係なく、共に組織開発に取り組む人は誰もが「仲間」であると、声高く宣言することができるのです。

　広い意味では、職場のメンバー全員が組織開発のCAです。

　つまり、CAとは、孤独な存在などでは決してないということです。

　どうかみなさん、このことを忘れないでください。辛く苦しい場面が訪れた際には、メンバー全員がCAであると思い出してください。そして同じCAであるメンバーを信頼し、質の高い未来づくりへと導いてください。

経営者もまたCAである

　ここまで、職場にフォーカスして議論を進めてきました。

　しかし、経営者を含むトップマネジメント層についてもまったく同じことが言えます。

　経営者／トップは往々にして組織開発の壁として立ちはだかり、プロジェクトを成功へと導くためには、質の高いコミットメントを引き出す必要のある存在です。この事実を裏側から眺めるならば、それだけトップの影響力が大きいことが理解できます。

　トップとは組織開発の起点であり、プロジェクトの行く末を左右する存在です。トップが組織開発の重要性を深く理解し、積極的に関与してくれる組織では、組織の変革や成長が大いに促されます。つまり、会社のトップもまたCAであるということです。

　経営者から現場第一線の社員まで、目には見えずとも一本の線でつながっていることは確かです。つながりの度合いに応じて組織の状態が変化し、成功や苦戦という異なる局面が立ち替わり訪れます。経営者を含めた全員が、組織というつながりの一端を担っています。ここから、誰もが組織開発の当事者であることがわかります。

　みなさんもぜひ、このつながりを頭に入れておいてください。

　一方でみなさんもその一端を担っていることを忘れないでください。

　CAは決して孤独な存在などではありません。このつながりの中で、共に手を取りながら進んでいけるのだと信じてください。

　経営者も含めた全員が組織開発の当事者なのですから。

2 「常に右肩上がり」はないと心得る

「万物は流転する」

　先ほど、組織の状態は、経営者を含むメンバー全員のつながりの度合いに応じて変化し、成功や苦戦という異なる局面が立ち替わり訪れると書きました。つながりという問題に加えて、組織の局面は日々変わり得るというもう１つの事実がここから確認できます。

　古代ギリシアの哲学者ヘラクレイトスは、「万物は流転する」との世界観を有していたことで有名ですが、まさにそんな世界観のとおり、私たちを取り巻く状況は激しい変化に晒されています。

　これを組織に当てはめてみると、次のようなことが言えます。

　どんなに仕事が上手くいっている組織でも、外部の状況は大きく変化する可能性をはらむ、ということです。取引先の経営方針が変われば、こちら側に何ら落ち度がなくても取引がなくなるかもしれません。為替変動のリスクや他国の政情不安定、大規模な自然災害といったコントロールの及ばない要素はほかにもたくさんあります。

　あるいは、人の異動によって組織の中の業務量のバランスなどが崩れるケースも少なくありません。働き盛りの中堅社員が異動し、後任に来たのは新入社員ということになれば、成長するまでの間、しばし苦戦の時期が続く可能性が大です。成功していた組織が突然苦戦する職場に変わってしまったケースを何度も目にしてきました。誰かが手を抜いたり、大きな不満を抱いたりせずとも、このような変化が不意に訪れるといった事態は不可避的に存在するわけです。

高度経済成長期からバブル経済の入口にかけての時期においては、物事は「常に右肩上がり」に進むと信じられていたかもしれません。しかし、バブルが崩壊し失われた何十年かを経験した今の日本では、「右肩上がり」は半ば神話の色合いを帯びているようにも感じます。未来に明るい希望を持てない若い世代が増えているといった議論も少なからず耳にします。神話の時代をよく知っている私にとっては、色々な意味でそうした論調が悲しく響きます。

　とは言うものの、こと組織開発に臨むCAに関して言うならば、そんな神話は忘れるに越したことはありません。事前の準備は万端で、トップの理解や関与も深く、組織長をはじめとするメンバーの気持ちも非常に前向きになっている。それでも「絶対に」成功するとは言い切れないのが組織開発です。取り組みの途中で、仕事を取り巻く状況がさらにシビアになるかもしれません。会社の事情で中核メンバーの異動を余儀なくされるかもしれません。

　組織開発は非常に重要な取り組みではありますが、本業を完全に後回しにして取り組むのは明らかに本末転倒です。優先順位の高い業務の事情によっては、思いどおりには進まないケースも出てきます。そんなときにCAまでもが落ち込んでしまうと、組織やメンバーに与える負の影響がさらに大きくなってしまいます。

　だからこそ、<u>「常に右肩上がり」はないと心得ておく</u>ことが非常に重要なのです。上手くいかなくても決して焦らない。誰も責めない。泰然自若として前だけを見続ける。そんな姿勢をまずはCA自身が率先して示していただきたいと思います。

だが、希望は決して捨ててはいけない

　しかしながら、希望を捨てることだけは絶対にやってはいけません。

たとえ今は理想に近づけないとしても、どこかで必ず物事が前に進み出す瞬間は訪れます。捨てる神あれば拾う神もいるのが世の常です。

　環境が変化し万物が流転するということは、よいことばかりでも悪いことばかりでもないことを意味しています。日本にも古くから、「禍福は糾（あざな）える縄の如し」「好事魔多し」などといった戒めの言葉が多く存在します。一喜一憂しないというだけではなく、心の奥底に希望を秘めておくこと。「パンドラの箱」の底には希望が残っていた話を思い出し、来るべき日に備えること。組織開発に臨むCAにはこうした認識が何より重要なのです。

　だからこそ、私は希望のない世の中が嫌いです。希望も持てない若者が多くいるのだとすれば、組織開発の取り組みを通じて、再び希望に満ちた時間を取り戻すお手伝いがしたいと思っています。
　CAに負ける日が訪れるとすれば、それは希望を捨てた日です。
　私は決して希望を捨てません。
　みなさんもまた希望を捨てないことを信じています。おそらくはそれが最高のポジティブアプローチです。
　万物は流転する。そして世界は常に肯定的である。それを信じてこれからも取り組みを続けてまいります。

③ 木が集まれば森ができる

人は木、木を育てるのが人財育成

　人を木にたとえることができるなら、苗を植え、水をやり、雑草等を

取り除きながら1本の大木へと成長してもらう。育つ環境を十分に整えるための取り組みを人財育成と呼ぶことができます。

　同じ種類の木でも長さや枝の張り方が異なるように、企業で育つ人財のあり方も決して一様ではありません。個人としての価値観も未来に対する希望もそれぞれに異なります。そうした事実としての違いを受け入れ、個人にとってもっとも望ましいゴールを設定し、到達までの道のりの中で最初は伴走し、最終的には自走できるよう支援していくこと。それが人財育成の魂なのだと考えています。

　私は組織開発だけでなく人財育成コンサルタントとしても多くの研修等に登壇しています。個人の成長に触れる瞬間もまた格別です。もちろん、研修「だけ」で人が育つとは思っていません。研修とは受講者自身が「成長したい」という意識を明確化するための1つのきっかけに過ぎないからです。しかし、人間とはきっかけがなければなかなか前に踏み出せない生き物でもあります。

　そんな人たちの背中を押し、最初の一歩を踏み出すための支援を、企業は真剣に行っています。組織とは森であり、よい森にはよい木が必要だからです。数本の大木だけでも森は形成されません。十分に成長したいくつもの木が集まってはじめて森が生まれるのです。

組織は森、森を育てるのが組織開発

　十分に成長した木が多く集まれば森が生まれます。
　だからといって、いたずらに数だけを集めればよいかというと、そんなことはまったくありません。よく育つという希望を企業側に抱かせる木をいかに集めるのかが重要になってきます。このような観点で木を集める作業を採用と呼んでいます。苗木の段階で将来を期待するのが新卒採用、ある程度の成長を経た木を移してくるのが中途採用、完成した成

木を移植するのがヘッドハンティングなどの手法による採用です。どの方法が一番よいなどと言うつもりは毛頭ありませんが、ここでもやはり、違いを理解しておくことが重要なのだと言えます。

　森をどのように育てるかは、ここまで十分にお伝えしましたのでさらにはくり返しません。ただ、木さえよければ森が安定するとは必ずしも限らない。むしろ、質のよい木がたくさん集まれば養分を奪い合い、森としてのバランスを保つのが難しくなる場合もある。その点を少し補足しておきたいと思います。
　人間は相手との関係性の中で生きている動物です。人と人の間で生きているからこそ人間なのです。相手が変われば、考えることも思うことも変わります。自然の森がそれ自体の中に変化する要素を含んでいるように、森としての組織もまたそこに所属する人という変化の要素を予め内包しています。**人財育成だけでは十分ではない、組織開発もまた必要**であるという理由はまさにここにあります。

森も木も共に観察する

　組織開発に臨むCAが向き合う対象は言うまでもなく森ですが、森は木から構成されており、木に対するまなざしも必要とされます。
「木を見て森を見ず」がダメだというのはよく言われることですが、組織開発では「森を見て木を見ず」も戒めの対象になるわけです。
　バランスよく、深い洞察力を持って、森と木を眺める作業は決して簡単なものではありません。
　木にフォーカスできる人財育成とは、また別の困難が組織開発には待ち受けています。両方をやっていてこの違いを痛いほど痛感しています。木を見るには森を見るよりも深い洞察が求められ、森と木を見るにはバランスが必要とされる。CAには本当に多くの困難が待ち受けているわ

けです。

　それでも、この困難を乗り越えていくのがCAです。
　禅問答のような言い方にはなりますが、<u>森と木とをバランスよく眺める力を身につけるためには、眺め続ける</u>以外に道はありません。数学の公式のように決まった型を持っていないのが人であり、人が集まって形成される組織です。
　だからこそ、今はひたすら人間を眺め続けること。人が集まって生まれる組織を眺め続けることを心がけます。

　森と木は異なる原理で動きます。個人で考える場合と、組織人の立場で考える場合とでは、同じ人物の判断にも違いが生じる場合が少なくありません。こうした点も経験の中から見えてくる部分です。諦めることなく、1個の目となって眺め続けていきましょう。私も引き続き、よき目であり続けるよう努力します。

 ## 森ができれば風が和らぐ

個が向き合う風という自然

　前項では少し厳しい話をしましたので、ここからは森が生み出すメリットについて見ていくことにします。
　台風シーズンになると、南国の大きな木が強烈な風に晒されて、激しく揺れる様をテレビのニュースなどで目にします。風の威力があまりに強ければ、私のように枯れ始めた木は折れてしまう場合も少なくありま

せん。自然の猛威を避けることはできず、長い時間を生き抜いてきた大木であったとしても、永遠の時間を生きることは許されません。暴風を乗り越えたとしても、生命あるものには必ず寿命があります。時の流れの中で朽ち果てていくことは必然であり、それもまた避けがたい運命と言って差し支えありません。

　個人の人生にもさまざまな「風」が吹きます。
　仕事のことだけではなく、家族や友人、自分自身の問題、まるで無風の人生といったものを想像することはできません。無理に風を避けようとすれば、別のところに負担がかかります。それは身体の不調であったり、時には心の不調であったりもします。

　時代が複雑になればなるほど、風の種類も複雑になります。
　少し話は逸れますが、風＝困難の複雑化は間違いなく、私たちの心身のコンディションに負の影響を与えています。ハードな局面の多い時代だからこそ、組織開発にも焦点が当たるわけですが。

組織が風に向き合うとき

　1本の木だけではなく、森もまた風の洗礼を受けます。自然とはある意味で公平感を大切にしており、太陽の光などと同じく、同じ強さの風をすべての木に対して等しく吹き付けるわけです。

　とはいえ、風の受け方には違いがあります。太陽の光も、自分が日陰にいるか日向にいるかで、感じ方は大きく異なります。真冬の快晴の午後には日向で光を存分に吸収し、真夏には早朝であっても日陰の存在を追い求めます。個人においてもこうした違いは確実に存在します。

しかし、個人と組織との比較になると、受け止め方の違いはさらに大きなものになってきます。台風の際に、森が根こそぎ消えたなどというニュースはまったく目にしたことがありません。これは当たり前のようにも思われますが、組織開発にとっては実に示唆に富んだ事実であると私は感じています。

　森を風が流れていくように、組織にもさまざまな風が吹きます。総じて言えるのは、個として風と向き合う場合よりも、その勢いは確実に和らぐという事実です。会社が倒産することもありますが、大きな組織になればなるほど傾くリスクは低減します。その理由は風が和らぐ点にあると言って差し支えありません。

　森ができれば風が和らぐ。仕事でトラブルに見舞われた場合にも、<u>1人で悩むのではなく全員で知恵を合わせたほうが、早く、質の高い答えを見つけることができます</u>。森は複雑に動く点で非常に厄介な存在ですが、そこに包まれた存在に安心と安全を提供する点では、非常に頼りになる存在でもあります。CAとして森と向き合う際は、こうしたメリットにもしっかりと目を向けてください。

よい森はよく風を和らげる

　大きな組織ほど傾くリスクが少ないとお伝えしました。この点をもっと正確に掘り下げるならば、組織の大小だけではなく、そこに所属するメンバーの関係の質が確かな組織もまた風に対する強さを示すことができます。よい森＝組織にはやわらかな風が吹くのです。

　だからこそ、私たちCAはよい組織を目指します。
　組織開発の取り組みを通じて、本音の対話を実践できた組織は、風に

対する耐性を確実に高めることができます。メンバーの関係の強さが風の勢いを抑制し、多くのリスクからメンバーを守ります。よい森ほどよく風を和らげる。これは組織開発に臨むCAにとって、1つの自然の摂理とも言える事実です。「なぜ組織開発なのか？」と自問自答する瞬間が訪れたときにはぜひともこの事実を思い出し、自分自身への動機づけとしてください。

　CAとして大切なのは、**自分の力だけでメンバー全員の関係の質を強くしようとは思わない**ことです。選択権は常に職場の側にあり、最後は自力自走できなければ組織開発の意味が薄れてしまいます。職場を、メンバーの力を信頼することが大事だと記載したように、CAには任せる勇気も必要になってくると理解しましょう。

　見守りながらも任せることで、CA自身も組織の力に守られます。メンバーとの間に信頼関係を構築することができれば、CAに吹く風もまたやわらかなものとなることでしょう。そういった意味でも「よい森」をつくることが重要なのです。より多くの人が強風から身を守ることができる。そう考えると、組織開発の大切さがもっと心に沁みてくるのではないでしょうか。

他者への貢献を幸せと心得る

「どうしてCAを続けているのか？」

　CAとは実に難儀で因果な商売だとくり返しお伝えしてきました。しかも、成果がわかりにくく、周囲からも評価されにくい。

「それなのに、どうして長いことCAを続けているのか？」
　ふとした瞬間に、そんな疑問が浮かぶことがあります。
　そのたびに私は同じ答えを用意し、自分に向かって語りかけます。
「やっぱり、誰かの力になるのが幸せだからだよね」
「どうして、誰かの力になるのが幸せなんだろう？」
「生まれつき、よい意味でお節介にできるのかもしれないね」

　私は「よい意味でのお節介」という言葉が嫌いではありません。昭和より前の日本にはそんな近所のおじさんやおばさんが文字どおり山のように存在していました。たとえ自分の子どもではなくても、日々の安全に配慮し、健全な成長を願い、危険な行為や道に反する行為には毅然とした態度で叱ってくれる大人。そんな大人に対する憧憬のようなものが、私の中に眠っているのかもしれません。

　心理学の専門家ではないのでこれ以上の深掘りはできませんが、それでも「何を人生の幸せと感じるか」という命題は人間にとって根源的かつ非常に重要なものだと感じています。私たちは誰もが、幸せになるために生まれ、幸せになるために生きているはずです。幸せのかたちは人それぞれであるとしてもです。

幸せとは「自己実現」である

「マズローの欲求5段階説」は今から100年近く前に発表されたものでありながら、変わることなく活用されています。このことは、科学技術は進歩しても人間の本質は不変であることを意味していると私は考えています。
　そこに示されているように、私たちは究極的には、私たちという自己を実現するために生きているとも言えます。ここから、幸せを「自己実

●マズローの欲求5段階説

- 自己実現欲求
- 承認欲求
- 社会的欲求
- 安全欲求
- 生理的欲求

低次の欲求が満たされることによって、より高次の欲求に対するニーズが生まれてくる。
最終的に人は自己実現欲求を満たすことを目指していく。

現」という言葉に置き換えることができます。

　自分自身の「なりたい姿」とは、それぞれの幸せを実現している状態にほかなりません。組織に個人と同じ志向性があるかどうかは、私の理解を超えた問題ではありますが、**組織の「ありたい姿」へと到達することが組織としての自己実現**であるとするならば、とても納得感があるように思います。そのとき組織に所属するメンバーは、少なからず幸福を感じているはずだからです。
　人間の本質は不変であるからこそ、対話によって組織力を上げるという組織開発の手法にも普遍性があると私は信じています。

組織開発はCAとしての自己実現である

　あえて「自己実現である」という言い方をしていますが、私自身の願

望を込めた表現なのでご容赦ください。個人としての自己実現は別にあるとして、CAとして組織開発に臨むみなさんには、支援する職場の自己実現を自身の自己実現＝幸せだと捉えていただきたい。心の底からそう願っています。

　無論、こうした表現が、時として押し付けのように響くリスクは十分に承知しています。誰かに何かを一方的なかたちで押し付けることもまったくもって本意ではありません。それでも、**組織開発の目的を端的に表すならば、それは「幸せを増やす」**ことに尽きます。だからこそ、関与する人には幸せを大切にしていただきたいのです。仮に組織開発で幸せになるのがCA以外の誰かであったとしても、他者貢献を自らの幸せと感じ、共に歩むCAを、私はいつも全身で支持します。

⑥ おそれず組織の風の中に立つ組織開発とは何か

「輝く森」をつくること

　いよいよ本章のゴールが見えてきました。ここまでお付き合いをいただいたことに心より感謝申し上げます。本書を結ぶに当たり、組織の風の中に立つ組織開発とは何か、という観点で、みなさんにお伝えしてきたことをまとめていきたいと思います。

　本書の冒頭に、組織開発のテーマソングとして『輝く森』という曲の歌詞を載せています。偶然の導きによって生まれたものですが、私自身は非常に気に入っています。組織開発の本質を表していると自負してもいます。

輝く森をつくるということは、輝く組織をつくるということです。単に組織として成果を上げるだけでなく、組織に所属するメンバー全員が組織での仕事を通じて成長を実感できる組織。多くの先人が築き上げた伝統の上に、さらに素晴らしい伝統を積み重ねる組織。世の中の変化に対してしなやかに対応し、永遠に輝き続けることのできる組織。組織開発とはこのような組織をつくるためにあります。評価でも強制でもなく、組織の自己実現をサポートする姿勢が取り組みの根底になければなりません。

　今も未来も「輝く森」であり続けるために、自らのできることを全員が模索し続ける組織ってなんて素晴らしいんだろうと思います。ぜひみなさんも、そんな森の一員になりましょう。

すべてのCAが幸せになること

　くり返しお伝えしたとおり、経営者も含めた全員が組織開発の促進者＝CAにほかなりません。そして森が輝いているということは、すべてのCAもまた輝いていることを意味しています。

　経営者だけが恩恵を被る組織。
　組織長の自己満足のためにメンバーが疲弊している組織。
　メンバーのご機嫌を取るために組織長が疲れ切っている組織。
　外部から来たCAに表面だけを評価される組織。

　そんな限られた人間だけが輝いている（ように見える）組織は、組織開発のゴールからは明らかに外れています。誰かにメリットが集中する状態をつくるのではなく、たとえ個々の幸せは小さくても全員が幸せになる組織を目指すのが組織開発です。

CAという役割を明確に与えられている人は、評価が見えにくいといった外的条件の中で、不安を覚えることも多いかもしれません。私自身にも思い当たるところが多々あります。

　しかし、真摯に取り組んでいる人のことは、どこかで誰かが必ず見ています。その努力の尊さを認めています。私も多くの仲間たちに支えられて今があります。不満には永久に底がなく、ポジティブに前進する未来にも永遠に天井がありません。それに気づいてからは今に感謝することだけを心がけています。
　自分が世の中に必要とされていること。
　そして実際に、誰かの小さな力になれていること。
　だから私は今とても幸せです。この幸せをいつか、みなさんとも共有できることを心から願っています。

だからこそ、勇気を持って進み続けよう！

　みなさんも経験から理解されているとおり、実際に幸せを手に入れるのは簡単なことではありません。そのための努力自体も大変ではありますが、それ以上に外部環境の変化が、ネガティブな影響をもたらすからです。

　組織開発の取り組みが「右肩上がり」に進むことはありません。プロジェクトの導入に熱心だった組織長が、導入直後に他の部署へ異動になったこともあります（念のため、異動と組織開発の間には何らの関係もありません）。そんなときは私も多くのため息を漏らし、自宅でグラスを空にする回数が増えたかもしれません。思い切って中止にしたほうが職場のメンバーも幸せになるのではないか。そんなことをついつい思ってしまったりもします。

ですが、**あきらめてよいことなど何ひとつありません。**
　どんなに小さな前進であっても、前進は前進です。あきらめなければ、どんな職場も必ず前に進んでいくことができます。
　ため息の後に勇気を持って前進できるかどうか。
　ポジティブアプローチをおそれず実践し続けられるかどうか。

　この問いに「Yes」と答えられるCAのいるプロジェクトこそが、おそれず組織の風の中に立つ組織開発です。恐ろしいほどの嵐でも、過ぎた後には晴天が待ち受けています。仲間を信じ、自らを信じて、おそれず組織の風の中に立ち続けてください。私もそれを続けます。孤独に見えてもみなさんはもう1人ではありません。本書の導きでつながった私たちは大切な仲間です。いつか「輝く森」で出会える日を今から心待ちにしています！

●人事部の組織開発支援ポリシー

１．健全な組織づくりは、組織全体の責務である

マネージャーの影響と責任は大きいが、一人ひとりにも責任がある意識の強化

２．職場の自走化を目指す

- きっかけづくりや、やり方は教えるが、人事部や外部コンサルに頼らせない
- 自組織は自分たちでよくしていく（打ち上げ花火ではなく継続重視）

３．ポジティブ思考文化の浸透

- 染みついた問題解決思考を人間関係に持ち込まない
- 職場づくりは本来、明るく楽しい活動である

おわりに

　奇しくもこの本が発刊される時期は長年お世話になった株式会社デンソーの創立75周年に当たります。定年再雇用のシニア社員として私がいよいよ去る年でもあります。組織開発らしきことを始めた2010年からすれば、実に14年の年月が経ちました。私の中でふと次の問いが浮かびます。「自分はなぜ、組織開発を始めたのか？」。薄らいだ記憶をたどると、1点の悔しい感情を持ったきっかけを思い出します。

　当時、私の会社は海外拠点が世界に増え続け、業績も右肩上がりの時期でした。私も海外を飛び回っていた時期です。当然、どの職場も多忙を極めていて、私の友人の中でも元気な男たちがメンタル疾患となり休んでいることを知りました。それが、どの男たちもメンタル疾患には程遠い人物ばかりでした。仕事ができる有能な者たちではありますが、私が残念に思うのは危うい信号が出ていたはずでありながら職場の仲間も腫れ物に触るようにしていて、労る関係性は薄かったということです。

　私は入社してから、多くの先輩、上司から薫陶を受け、時には叱られもしましたが、そこには愛情がありました。職場の仲間同士に確かな温もりがありました。私の妻も同社の社員として今では考えられないほどの指導と愛情を受けて育ちました。そこには間違いなく絆とも言うべき仲間感が満ちあふれ、風通しの良い職場がありました。業務上の暴風雨にも耐えられたのは、そんな職場であったからです。

　時代の変化や会社の発展に伴い、毎日の仕事がスピードを上げ高度化し、ついつい人を労ることを見失い、自身の仕事で精一杯にな

っていたのです。これはどの企業でもよくある現象です。私は元気で成長著しく頭角を現す友人が疲弊する姿を見て、「これはおかしい。なんとかしなければ私たちの会社らしくないぞ」と怒りとも言える悔しさを感じました。そしてそれが組織開発の原動力となっていったように思います。

　昔に戻れないことはわかっていますが、この会社の良さである自由闊達な組織、職場の温もり、活発な話し合いからチームの結束を高め、ビジネスを成功させるのはお家芸のはずなのです。今は気楽に雑談をすることや、ハラスメントリスクにより人と人の会話する機会が減っていることでチームの遠心力が高まっているのではないでしょうか？　だからこそ、解放された職場仲間との対話の機会は意図的に作り出さねばなりません。そう思う私は、古い人間の仲間入りと見られるかもしれませんが、私が組織開発（OD）を手放さずやり続ける「OD クレイジー」のゆえんです。

　私が OD の仕事をしていく中で、OD 理論を含めてご指南いただいた南山大学中村和彦先生、土屋耕治先生、立教大学中原淳先生には特にお世話になりました。またポジティブアプローチをご指導いただいた故津村俊充南山大学名誉教授、チームコンサルテーションをご指導いただいた星野欣生南山短期大学名誉教授に心から感謝申し上げます。会社人事部では、私に組織開発業務を担わせていただいた人事役員、人事部長、数々の上司の理解があってこそやり続けることができました。

　そして共に組織開発に汗をかいた人事 CA、職場 CA の皆さんの協力があってこそ、ここまでやることができました。社外の OD 学習仲間、チーム名「OD クレイジー」の皆さんと JMAM 奥平淳さんの結束力は今も私の誇りです。チームの一員が教えてくれた言葉「Only crazy can change the world」は私の好きな言葉です。

最後に、「輝く森」の作詞を歌にしたいと無謀なお願いを、初対面にもかかわらず歌にしていただいたシンガーソングライター朝香（Tomoka）さんには感謝感激でした。

　また、この本を発刊するきっかけを作ってくれた文芸社、小野幸久様、塚田紗都美様、ライター細谷知司様にも厚くお礼申し上げます。最高の本づくりチームでした。本を自費出版ですが発刊する夢を実現していただき泣けるほどのうれしさで感謝申し上げます。

最後に一言。『みんな、ODクレイジーになろうぜ！』

参考文献

今井むつみ著『学びとは何か 〈探求人〉になるために』岩波新書
宇田川元一著『他者と働く 「わかりあえなさ」から始める組織論』
　NewsPicksパブリッシング
遠藤功著『「カルチャー」を経営のど真ん中に据える 「現場からの風土改革」
　で組織を再生させる処方箋』東洋経済新報社
加藤雅則、チャールズ・A・オライリー、ウリケ・シェーデ著『両利きの組
　織をつくる 大企業病を打破する「攻めと守りの経営」』英治出版
ジャルヴァース・R・ブッシュ、ロバート・J・マーシャク著、中村和彦訳
　『対話型組織開発 その理論的系譜と実践』英治出版
スティーブン・P・ロビンス著、髙木晴夫訳『【新版】組織行動のマネジメ
　ント 入門から実践へ』ダイヤモンド社
ダイアナ・ホイットニー、アマンダ・トロステンブルーム著／株式会社ヒュ
　ーマンバリュー訳『ポジティブ・チェンジ 主体性と組織力を高めるA
　I』ヒューマンバリュー
綱島邦夫編著／柏倉大泰、吉本智康著『マネジャーの仕事１００の基本 エ
　ンゲージメントを高めるチームマネジメント』日本能率協会マネジメン
　トセンター
中原淳著『サーベイ・フィードバック入門 「データと対話」で職場を変え
　る技術』ＰＨＰ研究所
中原淳著『人材開発・組織開発コンサルティング 人と組織の「課題解決」
　入門』ダイヤモンド社
中原淳著『「対話と決断」で成果を生む 話し合いの作法』ＰＨＰビジネス
　新書
中原淳、中村和彦著『組織開発の探究 理論に学び、実践に活かす』ダイヤ
　モンド社
中村和彦著『入門 組織開発 活き活きと働ける職場をつくる』光文社新書
中村和彦著『「組織開発」を推進し、成果を上げる マネジャーによる職場
　づくり』日本能率協会マネジメントセンター
山極寿一著『京大総長、ゴリラから生き方を学ぶ』朝日文庫
WEB労政時報「ウルリッチの人事部の４つの役割」

著者プロフィール

中川 浩人（なかがわ ひろと）

人財開発＆組織開発コンサルタント。
1978年デンソー入社。1979年デンソー短大高専課程修了。その後、旧技研センター指導員として電気電子、自動制御系教育を展開。教育領域をビジネススキル、マネジメントまで広げ、数々の研修の企画開発／教育／効果測定を繰り返し、32年間で学園生、高度技能者、国内＆海外の講師、管理者など、延べ1万人を超える社員を育成。1995年職業能力開発大学校専門課程修了。指導法、心理学などを学ぶ。2012年人事部人財育成室へ異動し課長として階層別教育の改訂に取り組む。2018年厚労省選定「現代の名工」受賞。2020年国家資格キャリアコンサルタント取得。2017年より人事部組織開発課長として南山大学中村教授、立教大学中原教授より組織開発の師事を仰ぎながら、本格的に全社の組織開発に取り組む。晩年はシニア再雇用でキャリアエキスパートとして苦戦職場を支援。2023年 HIRODO コンサルタントを起業独立し各社を支援中。愛知県刈谷市在住。

HIRODO コンサルタント
HP　https://hirodo-consal.com

組織の風の中に立て　風通しのよさが組織の力を高める

2024年12月16日　初版第1刷発行

著　者　中川　浩人
発行者　瓜谷　綱延
発行所　株式会社文芸社
　　　　〒160-0022　東京都新宿区新宿1-10-1
　　　　電話　03-5369-3060（代表）
　　　　　　　03-5369-2299（販売）

印刷所　TOPPANクロレ株式会社

Ⓒ NAKAGAWA Hiroto 2024 Printed in Japan
乱丁本・落丁本はお手数ですが小社販売部宛にお送りください。
送料小社負担にてお取り替えいたします。
本書の一部、あるいは全部を無断で複写・複製・転載・放映、データ配信することは、法律で認められた場合を除き、著作権の侵害となります。
ISBN978-4-286-25663-4